Schneller lesen

Effizienter arbeiten durch Speed Reading

Jens Seiler

So nutzen Sie dieses Buch

Die folgenden Elemente erleichtern Ihnen die Orientierung im Buch:

Beispiele
In diesem Buch finden Sie zahlreiche Beispiele, die die geschilderten Sachverhalte veranschaulichen.

Definitionen
Hier werden Begriffe kurz und prägnant erläutert.

> Die Merkkästen enthalten Empfehlungen und hilfreiche Tipps.

Auf den Punkt gebracht

Am Ende jedes Kapitels finden Sie eine kurze Zusammenfassung des behandelten Themas.

Inhalt

Warum soll ich schneller lesen? — 5

- Warum wir so lesen, wie wir lesen — 7
- Wie schnell ist schnell? — 9
- Einstiegstest: Wie schnell lesen Sie? — 13

Lesen, wie wir es gelernt haben — 18

- Lesen wie in der Schule — 18
- Lesefehler 1: Zurückspringen im Text — 19
- Lesefehler 2: Zu viele Fixierungen — 24
- Lesefehler 3: Unterschwelliges Mitsprechen des Textes — 33
- Wörter sind Symbole — 41
- Verständnistest 1: Wie viel haben Sie verstanden? — 43
- Weitere Lesefehler und was man dagegen tun kann — 52
- Die Umgebung muss stimmen — 59
- Verständnistest 2: Wie viel haben Sie verstanden? — 62

Visuelle Lesehilfen – pro oder contra? — 72

- Welchen Nutzen bringt eine Lesehilfe? — 72
- Die Zwei–Zeilen-Methode — 74
- Mehrere Zeilen auf einen Schlag — 74
- Versuchen Sie es doch mal rückwärts — 75
- Verständnistest 3: Wie viel haben Sie verstanden? — 77

Mit diesen Techniken lesen Sie noch schneller — 86

- Was zählt, ist der erste Überblick — 86
- Texte überfliegen — 89
- Paragraphing – das Absatzlesen — 97
- Scanning – das Filtern — 99
- Quer- oder diagonal, Hauptsache schnell — 102
- Sinnerfassendes Lesen – Skimming — 103
- PhotoReading – Das mentale Lesen — 105

Wie liest man was am besten? — 106

- Zeitungen und Zeitschriften — 107
- Lesen am Computerbildschirm — 108
- Fachbücher lesen leicht gemacht — 109

Augentraining – Erholung für die Augen — 112

Der Abschlusstest — 117

Ausblick — 125

Meine Testergebnisse — 126

Literaturverzeichnis — 127

Warum soll ich schneller lesen?

Im 15. Jahrhundert breitete sich der Buchdruck in ganz Europa aus. Ab sofort konnte sich jeder, der des Lesens mächtig war, Informationen schnell aneignen. Kaum eine andere Erfindung wurde so schnell von der Bevölkerung angenommen. Gleichzeitig begann auch der Drang des Einzelnen, sein Wissen der breiten Bevölkerung weiterzugeben. Der nächste große Boom der Wissens- und Informationsverbreitung folgte mit der Entwicklung des Internets.

Heute ist es nahezu unmöglich, diese ungeheure Informationsflut zu bewältigen. Gleichzeitig kann es sich aber auch niemand mehr leisten, wichtige Informationen zu ignorieren. Doch wie finde ich heraus, was wichtig ist und was nicht? In welchem Text steht die Information, die ich jetzt gerade benötige? Die Anforderungen an die Datenmenge, die jeder Einzelne im Kopf haben sollte, sind beträchtlich gestiegen. In vielen Berufszweigen gehört Lesen zum Alltag, oftmals nimmt das Lesen sogar bis zu zwei Stunden täglich in Anspruch.

> **Praxistipp**
> Wenn Sie täglich am Arbeitsplatz zwei Stunden lesen, können Sie durch schnelleres Lesen einen kompletten Arbeitsmonat pro Jahr einsparen.

Aber auch für Schüler, Studenten und Privatpersonen lohnt sich das Aneignen der Schnelllesetechniken. Das Lesen – und damit auch das Lernen – nimmt weniger Zeit in Anspruch. Und durch schnelleres Lesen benötigen Sie nur einen Bruchteil der Zeit, die Sie ohne diese Techniken zum Lernen aufbringen müssten.

> **Praxistipp**
>
> Eine Verbesserung der Lesegeschwindigkeit bedeutet eine Verbesserung der Lerntechnik. Doch Achtung: Das Erlernen der Schnelllesetechniken bedeutet hartes Training. Sie werden jedoch schnell merken, dass Sie nach den Übungen wesentlich entspannter lesen werden. Mehr Freude am Lesen ist damit garantiert.

In diesem Buch lernen Sie alle wichtigen Techniken kennen, mit denen Sie Ihre Lesegeschwindigkeit erheblich verbessern können. Wahrscheinlich werden Sie am Ende des Trainings mindestens doppelt, wenn nicht gar dreimal so schnell lesen wie bisher.

So ganz nebenbei erhöht sich mit dem Erlernen der einzelnen Methoden auch Ihre Konzentrationskraft. Ebenso wird das Verständnis komplexer Texte trainiert: Nach den Übungen werden Sie die wichtigsten Aussagen eines Textes schneller erfassen als bisher. Schließlich wird sich Ihre Allgemeinbildung verbessern, da Sie infolge viel mehr lesen werden – und dabei auch noch Zeit sparen.

> **Achtung**
>
> Erstaunlicherweise sind die meisten Leser mit ihren bisherigen Lesefähigkeiten zufrieden. Allerdings wissen viele auch nicht, dass die antrainierten Lesegewohnheiten das Textverständnis behindern.

Auf den Punkt gebracht

▸ In Zeiten der Informationsüberflutung hilft schnelleres Lesen. Mit den richtigen Methoden können Sie Ihre Lesegeschwindigkeit mindestens verdoppeln, wenn nicht sogar verdreifachen. Dadurch verbessern Sie Ihre Konzentrationsfähigkeit und erhöhen Ihre Allgemeinbildung.

▸ Schnelllesen ist sowohl für Ihr Berufsleben, als auch für den privaten Alltag hilfreich. Arbeitnehmer, die beruflich viel lesen müssen, können durch schnelleres Lesen bis zu einem Monat Arbeitszeit einsparen.

Warum wir so lesen, wie wir lesen

Die aktuelle Hirnforschung unterscheidet zwischen der normalen und der neurologischen Lesegeschwindigkeit. Die neurologische Lesegeschwindigkeit beschreibt das Potenzial des Lesers – und zwar unabhängig davon, ob er dieses tatsächlich ausnutzt.

Achtung

Unser Gehirn verarbeitet 126 Bits pro Sekunde. Davon werden beim normalen Lesen gerade mal 40 Bits pro Sekunde genutzt. Die restlichen – mehr als doppelt so viele – 86 Bits pro Sekunde nutzt das Gehirn für Abschweifungen.

Deutlich wird dieser Effekt zum Beispiel in Momenten, in denen Ihnen ein Gedanke durch den Kopf schießt. Wollen Sie ihn kurz darauf notieren, sind manche dieser Gedanken bereits wieder verloren.

Doch woher kommt dieser Unterschied zwischen dem gedanklichem Auffassen von Informationen und der Lesegeschwindigkeit? Das ist recht einfach zu erklären: Das Auge bewegt sich beim Lesen nicht gleichmäßig über die Textstellen. Vielmehr springt es von Fixierung zu Fixierung und hält kurz, nämlich circa eine Viertelsekunde, inne. Diese Fixierungen benötigt der Leser, da nur in diesen Momenten der Text aufgenommen wird.

Der durchschnittliche Leser wählt als Fixierung nahezu jedes Wort. Der langsame Leser, dessen Gedanken immer wieder abschweifen und der sichergehen möchte, nichts verpasst zu haben, springt immer wieder zu vorherigen Fixierungen zurück. Der schnelle Leser wiederum fixiert Wortgruppen, die aus drei oder vier einzelnen Wörtern bestehen.

Achtung

Viele Leser fragen sich jetzt vielleicht, warum uns diese Techniken nicht schon in der Schule gelehrt wurden. Das Wissen über unser Gehirn hat erst in den vergangenen Jahren extrem zugenommen. Die Schulen und Universitäten können erst seit Kurzem auf die neuesten Erkenntnisse reagieren.

Auf den Punkt gebracht

▸ Die Hirnforschung unterscheidet zwischen normaler und neurologischer Lesegeschwindigkeit. Die Differenz zwischen den beiden Geschwindigkeiten nutzt das Gehirn zum Abschweifen der Gedanken.

▸ Dieses Abschweifen geht zulasten der Lesegeschwindigkeit und auf Kosten des Textverständnisses.

▸ Beim Lesen sucht der Leser Fixierungen. Je mehr Fixierungen er benötigt, umso langsamer liest er.

Wie schnell ist schnell?

Schnelllesen steht für die Fähigkeit, überdurchschnittlich schnell zu lesen und dennoch zu verstehen. Das Schnelllesen wird in Wörtern pro Minute (WpM) gemessen. Soweit die Definition.

Achtung
Ein durchschnittlich geübter Leser kann etwa 200 bis 300 Wörter pro Minute erfassen, solange es sich bei dem Text nicht um komplizierte technische Erläuterungen handelt.

Um das Schnelllesen zu erlernen, gibt es unzählige Techniken, die sich aber alle sehr ähnlich sind. Grob unterscheidet man drei Steigerungsstufen der Lesegeschwindigkeit.

▶ **Stufe 1 – Schnelllesen**
Im Durchschnitt lässt sich in dieser Steigerungsstufe die gängige Lesegeschwindigkeit verdoppeln, wenn nicht sogar verdreifachen. Beim Schnelllesen bringen es die schnellsten Leser auf mehr als 1.000 Wörter pro Minute.

> **Praxistipp**
> Aber es geht auch schneller. Um allerdings mit weit höheren Geschwindigkeiten zu lesen, ist jahrelanges Training notwendig. Überprüfte Rekorde liegen im Bereich von 4.000 bis 5.000 Wörtern pro Minute. Darüber hinausgehende Geschwindigkeiten sind nur mit der Stufe 2, dem Speed Reading, möglich.

▶ **Stufe 2 – Speed Reading**
Das sogenannte Speed Reading beinhaltet weitergehende Techniken, wie zum Beispiel die Verknüpfung mit Strukturierungs- und Lerntechniken (MindMaps, Brainstormings usw.).

▶ **Stufe 3 – Photo Reading**
Das sogenannte Photo Reading umfasst Spezialtechniken, bei denen es nicht darum geht, den gesamten Inhalt eines Textes aufzunehmen oder gar zu durchdenken. Es handelt sich hierbei um alle überfliegenden Querlese- und Strukturierungstechniken. Bei einem Lesetempo, welches durchaus 25.000 WpM betragen kann, ist eine vollständige Verarbeitung nicht mehr möglich. Als Strukturierungsmethode ist Photo Reading allerdings brauchbar. Mehr über diese Technik erfahren Sie im Kapitel „Überfliegen" auf Seite 89.

Nachdem Sie dieses Buches durchgearbeitet haben, sollten Sie bereits um die 400 bis 600 Wörter pro Minute bewältigen können. Dies entspräche einer Verdopplung bzw. einer Verdreifachung der durchschnittlichen Lesegeschwindigkeit.

> **Achtung**
>
> Natürlich ist eine Messung der Lesegeschwindigkeit nur in Verbindung mit einer Überprüfung des Textverständnisses sinnvoll. Dieses wird ermittelt, indem der Leser nach einem schnell gelesenen Text Fragen zu diesem beantworten muss. Die Verständnisleistung ergibt sich aus folgender Formel:
>
> $$\frac{\text{Anzahl richtiger Antworten} \times 100\,\%}{\text{Anzahl der gestellten Fragen}}$$
>
> Übrigens: Schnellere Leser verstehen oft mehr vom Text, da schnelles Lesen ein Zeichen für eine höhere Lesekompetenz ist.

Schnelllesen ist aber nicht nur eine Arbeitsmethode, sondern auch eine Denkmethode. Durch das Schnelllesen nutzt der Leser die Kapazität seines Kurzzeitgedächtnisses besser aus. Zusammenhänge lassen sich damit besser erkennen. Und auch das Verstehen und Verarbeiten des Lesestoffes wird verbessert.

Und für alle Leser, die jetzt sagen: „Das möchte ich auch können." eine gute Nachricht: Sie können das Schnelllesen trainieren.

Drei einfache Ursachen führen zu einer Steigerung der Lesegeschwindigkeit:

- Schnelles Lesen verhindert das gedankliche Abschweifen.
- Es verbessert zudem den eigentlichen Lesevorgang. Durch optimierte Augenbewegungen werden Sie nichts überlesen. Indem Sie den Text in systematischen Sprüngen lesen, vermeiden Sie Rücksprünge.
- Das systematische Lesen größerer Absätze verhilft zu einer leichteren Sinnauffassung und somit zu einem besseren Verstehen des Textes.

Auf den Punkt gebracht

- Schnelllesen ist die Fähigkeit, schnell zu lesen und dennoch zu verstehen. Schnellleser können mehr als 1.000 Wörter pro Minute lesen. Der Durchschnittsleser schafft lediglich 200 bis 300 Wörter pro Minute.
- Noch höhere Geschwindigkeiten lassen sich nur mit den weiterführenden Techniken des Speed Readings und des Photo Readings bewältigen.
- Schnelllesen darf nicht auf Kosten des Textverständnisses gehen. Überraschenderweise verstehen schnelle Leser oft mehr vom Text.
- Schnelllesen ist auch eine Denkmethode.

Einstiegstest: Wie schnell lesen Sie?

Das Einstudieren von neuen Lesetechniken verlangt von Ihnen Willenskraft und Ausdauer. Sie sollten daher auf alle Fälle motiviert sein, das Buch durchzuarbeiten. Ihre Motivation hält am besten an, wenn Sie die Erfolge der Techniken recht schnell erkennen. Mit einem Einstiegstest erfahren Sie, wie Ihre derzeitige Lesegeschwindigkeit aussieht.

So bereiten Sie sich auf den Einstiegstest vor:

- Sorgen Sie für eine entspannte Atmosphäre.
- Achten Sie darauf, dass Sie während des Tests nicht gestört werden. Lesen Sie am besten nur, wenn Sie alleine im Raum sind.
- Legen Sie sich eine Stoppuhr bereit.

Nun starten Sie die Stoppuhr und lesen den folgenden Übungstext in Ihrer normalen Lesegeschwindigkeit. Sobald Sie am Ende sind, stoppen Sie die Uhr. Berechnen Sie, wie viele Wörter Sie pro Minute gelesen haben und notieren Sie diesen Wert.

Praxistipp

Am einfachsten berechnen Sie den Umfang eines Textes, wenn Sie die Wörter der ersten zehn oder zwanzig Zeilen eines Textes zählen. Anschließend zählen Sie, wie viele Zeilen sich auf der Seite befinden und rechnen den Wert hoch. Textverarbeitungsprogramme am Computer haben eine automatische Wortzählung!

Einstiegstest: Elternzeit – Darauf haben Sie Anspruch

Vielleicht wollen auch Sie – wie viele Eltern nach der Geburt – eine Auszeit vom Job nehmen, um sich für eine bestimmte Zeit Ihrem Kind widmen zu können. Diese Möglichkeit räumt Ihnen der Gesetzgeber unabhängig von der etwaigen Zahlung von Elterngeld ein. Grundsätzlich haben Sie als Arbeitnehmer auch einen Rechtsanspruch auf Teilzeitarbeit.

Die Neuregelung zur Elternzeit zum 1. Januar 2007 greifen im Übrigen nicht erst für Geburten ab diesem Jahr, sondern auch für Eltern, deren Kinder schon vorher geboren wurden. An den prinzipiellen arbeitsrechtlichen Rahmenbedingungen für die Inanspruchnahme der Elternzeit hat der Gesetzgeber auch nach der Einführung des Elterngeldes nichts geändert.

Wann Sie Elternzeit nehmen dürfen

Ein Anspruch auf Elternzeit besteht, wenn Sie sich um Ihr Kind kümmern wollen. Es muss ein besonderes Verhältnis zum Kind bestehen. Im Einzelnen wird die Elternzeit gewährt zur Betreuung

- *des eigenen leiblichen Kindes. Bei fehlender Sorgeberechtigung ist die Zustimmung des sorgeberechtigten Elternteils erforderlich.*
- *des Kindes eines Vaters, der noch nicht wirksam als Vater anerkannt worden ist oder über dessen Antrag auf Vaterschaftsfeststellung noch nicht entschieden wurde. In diesen Fällen muss die sorgeberechtigte Mutter zustimmen.*
- *eines Kindes des Partners, also des Ehegatten, der Ehegattin, des eingetragenen Lebenspartners oder der Lebenspartnerin mit Zustimmung des sorgeberechtigten Elternteils.*

- *eines Kindes, das in Vollzeitpflege aufgenommen wurde, mit Zustimmung des sorgeberechtigten Elternteils.*
- *eines Kindes, das adoptiert werden soll und bereits in den Haushalt aufgenommen wurde.*
- *eines Enkelkindes, Geschwisters, eines Neffen oder einer Nicht bei schwerer Krankheit, Schwerbehinderung oder Tod der Eltern.*

Das Kind lebt im Haushalt

Für den Anspruch auf Elternzeit müssen Sie außerdem folgende Voraussetzungen erfüllen:

- *Das Kind lebt mit Ihnen im selben Haushalt und*
- *Sie übernehmen überwiegend selbstständig die Betreuung und Erziehung des Kindes.*

Auszeit vom Job

Als Angestellte oder Angestellter können Sie unabhängig von Ihrer vertraglichen Situation Elternzeit nehmen – also auch bei befristeten Verträgen, bei Teilzeitarbeit und bei geringfügigen Beschäftigungen. Auch als Auszubildende oder Auszubildender, Umschülerin oder Umschüler, zur beruflichen Fortbildung oder in Heimarbeit Beschäftigte oder Beschäftigter können Sie Elternzeit verlangen. Wenn sich etwas hinsichtlich der Voraussetzungen ändert, müssen Sie Ihren Arbeitgeber darüber informieren.

Beamte haben einen Anspruch auf Elternzeit nach den Verordnungen des Bundes und der Länger. Berufs- und Zeitsoldatinnen und -soldaten haben nach den jeweiligen Vorschriften ebenfalls ein Recht auf Elternzeit.

Auch wenn Sie im Ausland leben, können Sie Elternzeit nehmen. Es kommt lediglich darauf an, dass Ihr Job deutschem Arbeitsrecht unterliegt.

Als selbstständig oder freiberuflich Tätige oder Tätiger müssen Sie Ihre Elternzeit selbst organisieren – in diesem Fall gibt es keinen Anspruch auf eine Auszeit. Sie sind selbst dafür verantwortlich, die Erziehung Ihres Kindes und die betrieblichen Belange unter einen Hut zu bringen.

Wann ist der richtige Zeitpunkt für die Auszeit?

Das Recht, Elternzeit zu nehmen, steht Ihnen grundsätzlich bis zur Vollendung des dritten Lebensjahres Ihres Kindes zu. Konkret endet die Möglichkeit, einen Antrag zu stellen, mit Ablauf des Tages vor dem dritten Geburtstag. Das heißt, die Elternzeit kann auch genommen werden, wenn das Kind bereits älter ist. Konkret können bis zu zwölf Monate der Elternzeit auf die Zeit bis zur Vollendung des achten Lebensjahres des Kindes übertragen werden. In diesem Fall muss allerdings der Arbeitgeber seine Zustimmung signalisieren.

Die Mutterschutzfrist wird auf die mögliche dreijährige Gesamtdauer der Elternzeit angerechnet. Die Elternzeit des Vaters kann ab Geburt des Kindes bereits während der Mutterschutzfrist für die Mutter beginnen.

Bei der Adoption oder Aufnahme eines Kindes in Vollzeit- oder Adoptionspflege gilt eine Rahmenfrist bis zum Ende des achten Lebensjahres. Innerhalb dieses Zeitraums können die Elternteile jeweils bis zu drei Jahre Elternzeit ab der Aufnahme des Kindes nehmen. Auch für Adoptiv- und Pflegeeltern gibt es die Möglichkeit, einen Anteil von bis zu zwölf Monaten bis zum Ende des achten Lebensjahres zu übertragen.

Die Elternzeit kann ganz oder teilweise von einem Elternteil allein in Anspruch genommen werden; Sie können mit Ihrem Partner die Elternzeit aber auch untereinander auf-

teilen und sich bei der Elternzeit abwechseln. Es steht Ihnen frei, wer von Ihnen Elternzeit nimmt und für welche Zeiträume. Elternzeit kann auch für einzelne Monate oder Wochen genommen werden. Jeder Elternteil hat einen Anspruch – unabhängig davon, in welchem Umfang der Partner die Elternzeit nutzt.

Sie können die Elternzeit auf zwei Zeitabschnitte verteilen – auch bei gemeinsamer Nutzung pro Elternteil. Eine weitere Aufteilung der Elternzeit ist nur mit Zustimmung Ihres Arbeitgebers möglich. In der Regel wird bei Beanspruchung der Partnermonate für den anderen Teil keine Veranlassung bestehen, für diese Zeit die eigene Elternzeit in Zeitabschnitte aufzuteilen. Wenn Sie wollen, können Sie Anteile oder aber die gesamte dreijährige Elternzeit vollständig gleichzeitig nutzten.

Wenn Sie die Partnermonate beim Elterngeld in Anspruch nehmen wollen, sollten Sie die Anmeldung erst spätestens sieben Wochen vor Beginn bei Ihrem Arbeitgeber einreichen. Eine frühere Anmeldung ist nicht erforderlich, auch wenn im Rahmen des Elterngeldantrages bereits eine Festlegung getroffen wurde. Der Elternteil, der seine Erwerbstätigkeit reduziert oder unterbricht, dürfte in der Regel für die Dauer der Elterngeld-Partnermonate auch Elternzeit beanspruchen.

Um Ihre Lesegeschwindigkeit zu ermitteln, dividieren Sie die Anzahl der Wörter – in diesem Text waren es 800 – durch Ihre Lesezeit. Tragen Sie das Ergebnis in der Tabelle auf Seite 126 ein. Diesen Wert werden Sie bei der Abschlussübung mindestens verdoppelt, wenn nicht gar verdreifacht haben.

Lesen, wie wir es gelernt haben

Gehören Sie zu den Lesern, die bei diesem Einstiegstext die durchschnittliche Lesegeschwindigkeit von 200 bis 300 Wörtern pro Minute geschafft haben?

Und: Klingt es für Sie unglaublich, Ihre Lesegeschwindigkeit mindestens zu verdoppeln, gar zu verdreifachen und dabei auch noch das Verständnis der Texte zu erhöhen? Dann lesen Sie wahrscheinlich noch so, wie Sie es in der Grundschule gelernt haben. Hier werden in der Regel nur die Grundzüge des Lesens vermittelt – eine Weiterentwicklung der Lesetechnik findet selten statt.

Lesen wie in der Schule

Erinnern wir uns kurz an unsere Grundschulzeit – wie war das mit dem Lesen lernen? Als Erstes haben wir einzelne Buchstaben, die wir zunächst nur als Symbole wahrgenommen haben, einem Laut zugeordnet. Nach und nach konnten wir einzelne Wörter entziffern, später kurze und immer länger werdende Sätze lesen.

Bei den ersten Wörtern mussten wir noch jeden Buchstaben laut mitlesen, nur so konnten wir die uns bisher nur vom Hören bekannten Wörter im Gesamtbild wiedererkennen. Wir verstanden einen Text nur, wenn wir ihn laut mitlasen. Automatisch haben wir uns jedoch mit der Zeit angewöhnt, beim Lesen mental mitzulesen. Viele Leser brauchen dieses leise Mitlesen auch heute noch, um einen Text zu verstehen, d. h sie sind beim Lesen auf der Basis stehen geblieben.

Wenn wir nach dem ersten Lesen lernen in der Grundschule diese Fähigkeiten nicht ausbauen und erweitern, haben wir keine Chance, schneller lesen zu können. Beim zweiten Lesen lernen liegt der Schwerpunkt auf folgenden Aspekten:

- Zurückspringen im Text,
- Erfassen von lediglich einem Wort,
- unterschwelliges Mitsprechen des Textes.

Lesefehler 1: Zurückspringen im Text

Wenn wir zu langsam lesen, unterfordern wir unser Gehirn. Da das Denken immer schneller vonstattengeht als das Lesen, entstehen Gedanken, die nichts mit dem Lesestoff gemein haben. Wir schweifen vom Text ab.

Der Leser bemerkt dies in Form von Unsicherheit. Er fragt sich, ob er das gerade Gelesene wirklich aufgefasst hat und springt zur Sicherheit mindestens ein Wort im Text zurück.

> **Achtung**
> Das ständige Zurückspringen im Text ist an den Augen des Lesers erkennbar. Sie befinden sich in einer ständigen Zickzackbewegung, was auch schnell zur Übermüdung der Augen führen kann.

Das Hin und Her der Augen geht auch auf Kosten der Zeit. Pro Zeile macht dies noch nicht viel aus. Schauen Sie aber mal, wie viel Zeit verloren geht, wenn Sie ohne Lesetraining ein ganzes Taschenbuch lesen.

> ### Beispiel: Zeitersparnis beim Lesen
>
> *Nehmen wir zum Beispiel ein Taschenbuch von 300 Seiten. Im Durchschnitt hat jede der 30 Zeilen pro Seite neun Wörter. Der durchschnittliche Leser hat pro Zeile neun Fixierungen à einer Viertelsekunde. Dies macht pro Zeile etwas mehr als zwei Sekunden Fixierungszeit aus. Bei 30 Zeilen pro Seite fixiert der durchschnittliche Leser über eine Minute, bei allen 300 Seiten kommt er damit auf fünf Stunden Fixierungszeit.*
>
> *Der schnelle Leser fixiert drei Wörter gleichzeitig, hat somit pro Zeile eine Fixierungszeit von nicht einmal einer Sekunde. Pro Seite fixiert er nicht einmal eine halbe Minute, bei den vollen 300 Seiten sind das knapp zweieinhalb Stunden.*

Viel schlimmer als der Zeitverlust ist aber, dass durch das Zurückspringen der Augen der logische Aufbau des Autors verloren geht. Ihr Gehirn muss die einzelnen Satzsegmente erst wieder in die eigentlich schon vorhandene Reihenfolge setzen. Die Folge: Die Logik leidet, das Verstehen des Textes wird erschwert.

Schnelleres Lesen verhindert das Abschweifen der Gedanken und fördert somit das Textverständnis. Sollten Ihre Gedanken beim Lesen abwandern, erhöhen Sie einfach das Tempo. Das Ergebnis wird Sie überraschen.

Auf den Punkt gebracht

Vermeiden Sie das Zurückspringen im Text. Es geht auf Kosten der Lesegeschwindigkeit und kostet viel Zeit. Die Logik geht verloren, das Textverständnis wird erschwert.

So vermeiden Sie das Zurückspringen

Der ungeübte Leser springt im Text zurück, weil er glaubt, das gerade Gelesene gar nicht oder zumindest falsch verstanden zu haben. Da dies in der Grundschule tatsächlich noch der Fall war und die meisten ihre Lesetechnik nicht weiterentwickelt haben, wurde dieses Zurückspringen immer mehr zur Gewohnheit. Selbst wenn der Leser alles verstanden hat, springt das Auge automatisch zurück.

> **Praxistipp**
> Sie verstehen von einem Text mehr, als Sie glauben. Vertrauen Sie der Auffassungsgabe Ihres Gehirns.

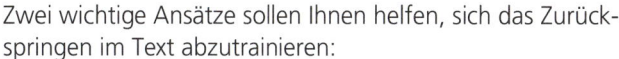

Zwei wichtige Ansätze sollen Ihnen helfen, sich das Zurückspringen im Text abzutrainieren:

- Vermeiden Sie als Erstes das bewusste Zurückspringen. Auch wenn Sie das Gefühl haben, das gerade Gelesene nicht verstanden zu haben, lesen Sie trotzdem weiter. Entweder haben Sie es entgegen Ihrem Gefühl doch verstanden oder der Inhalt ergibt sich im Laufe des Weiterlesens von selbst.

- Erhöhen Sie Ihre Lesegeschwindigkeit. Achten Sie dabei auf alle Fälle darauf, den Rhythmus der Augenbewegung beizubehalten. Beides zusammen erschwert es Ihrem Unterbewussten zurückzuspringen.

Erweitern Sie Ihren Blickwinkel

Umso mehr Sie es gewohnt sind, Ihren Blick nicht nur zu steuern, sondern Ihr Blickfeld zu erweitern, desto weniger kommen Sie in die Versuchung, mit den Augen zurückzuspringen.

Mit dem Buchstabenbaum können Sie die Erweiterung Ihres Blickfeldes optimal trainieren. Diese Übung sollten Sie nicht nur einmal machen, sondern immer mal wieder wiederholen.

Übung: Buchstabenbaum Teil 1

Decken Sie die folgende Seite mit einem Blatt Papier ab. Anschließend schieben Sie das Blatt eine Zeile runter, sodass Sie nur die erste Zeile kurz sehen und erfassen können. Dann verdecken Sie diese Zeile wieder. Sie sagen sich selbst die Lösung und kontrollieren diese anschließend. Es folgt die jeweils nächste Zeile.

Konzentrieren Sie sich beim Herunterschieben des Blattes ausschließlich auf die Zahl in der Mitte der Zeile. Dabei versuchen Sie, die Buchstaben links und rechts mitzuerfassen. Dies sollte natürlich in möglichst hohem Tempo geschehen.

Achtung: Die Buchstaben sind von Zeile zu Zeile ein Stück mehr von der Mitte entfernt. Somit wird die Übung mit jeder Zeile schwieriger. Achten Sie unbedingt darauf, dass Sie Ihre Augen in der Mitte fokussiert halten.

Lesefehler 1: Zurückspringen im Text

	J	1	S
	L	2	C
A		3	L
Q		4	T
X		5	L
E		6	U
Ö		7	O
Y		8	Z
C		9	P
V		10	F
R		11	N
Ü		12	E
U		13	Ö
H		14	G
B		15	K
W		16	E
Ä		17	K
J		18	Ö
C		19	R
H		20	G

Übung: Buchstabenbaum Teil 2

Die Übung auf der folgenden Seite ist eine kleine Erweiterung. Auch hier finden Sie wieder einen Buchstabenbaum, diesmal jedoch mit jeweils zwei Buchstaben auf jeder Seite. Gehen Sie auch hier wieder vor, wie in Teil 1 der Übung empfohlen.

KJ	1	PS
LO	2	QC
AB	3	RL
QR	4	RT
XX	5	NL
ER	6	IU
ÖU	7	UO
YH	8	UZ
CF	9	BP
VS	10	EF
RR	11	ÖN
ÜI	12	ÜE
UO	13	WÖ
HS	14	QG
BT	15	DK
WK	16	CF
ÄI	17	DK
JX	18	ZÖ
CI	19	VR
HÖ	20	OG

Lesefehler 2: Zu viele Fixierungen

Wer sich nach der Grundschule in seinem Leseverhalten nicht weiterentwickelt hat, wird zwar nicht mehr Buchstabe für Buchstabe mühselig aneinanderreihen, aber meistens Wort für Wort lesen. Das liegt daran, dass uns in der Kindheit antrainiert wurde, den Blick starr auf den zu lesenden Text zu richten.

Lesefehler 2: Zu viele Fixierungen

> **Achtung**
> Jede Fixierung kostet Zeit. Zwar benötigen wir diese Fixierungen, um den Sinn des Gelesenen zu erfassen, aber der durchschnittliche Leser fixiert zu oft.

Wissenschaftliche Untersuchungen mit Hochgeschwindigkeitskameras zeigen, dass ein Schnellleser einen Satz mit viel weniger Fixierungen aufnehmen kann.

Langsame Leser hingegen benötigen bis zu fünfmal so viele Augenbewegungen und damit auch fünfmal so viele Fixierungen wie ein sehr guter Leser. Dadurch ermüden die Augen wesentlich schneller, was wiederum zu Erschöpfung und damit noch langsamerem Lesen führen kann.

Der langsame Leser muss sich anstrengen, um die Informationen zu verinnerlichen und wird so sehr leicht frustriert. Als Folge liest er nur noch das absolute Minimum, da Lesen für ihn eine unschöne und schwierige Erfahrung ist. Sein Verständnis eines Textes ist niedrig, da er mehr Zeit benötigt, um die Informationen aufzunehmen. Wenn er am Ende des Textes ankommt, hat er dafür länger gebraucht und schon wieder einen großen Teil vergessen.

Wenn wir jedoch, anstatt jedes Wort zu fixieren, eine Wortgruppe zum Fixieren anpeilen, sparen wir erheblich Zeit und lesen schneller. Gleichzeitig geben wir dem Gehirn keine Chance mehr, mit den Gedanken abzuschweifen.

> **Achtung**
> Undisziplinierte Augenbewegungen sind das größte Hindernis für das Schnelllesen

Wenn Sie die folgende Übung konzentriert durchlesen, sollte Ihnen der Sinn der Wortgruppenbildung deutlich werden.

Übung: Wortgruppenbildung macht Sinn

Lesen Sie den nachfolgenden Satz Wort für Wort und stoppen Sie dabei bewusst bei jedem Leerzeichen:

- *Wer ... sich ... nach ... der ... Grundschule ... beim ... Leseverhalten ... nicht ... weiterentwickelt ... hat, ... wird ... zwar ... nicht ... mehr ... Buchstabe ... für ... Buchstabe mühselig ... aneinanderreihen, ... aber ... meistens ... Wort ... für ... Wort ... lesen.*

Und jetzt lesen Sie den Satz noch einmal bewusst und stoppen Sie wieder bei jedem Leerzeichen:

- *Wer sich ... nach der Grundschule ... beim Leseverhalten nicht weiterentwickelt hat, wird zwar nicht mehr ... Buchstabe für Buchstabe ... mühselig aneinanderreihen, aber meistens ... Wort für Wort lesen.*

Es ist wissenschaftlich nachgewiesen, dass unser Gehirn die Informationen beim Lesen leichter aufnimmt, wenn das Gelesene in sinnvollen Wortgruppen zusammengestellt ist.

Wenn Sie den Text 30 bis 40 cm von den Augen entfernt halten, erkennen Sie sinnvolle Wortgruppen am besten.

Auf den Punkt gebracht

Fixieren Sie nicht Wort für Wort. Bilden Sie sinnvolle Wortgruppen. Das erspart Zeit und hilft dem Gehirn bei der Verarbeitung des Textes.

Wie vermeide ich zu häufige Fixierungen?

Zumindest in der Muttersprache haben wir so viel Erfahrungen gesammelt, dass wir keinesfalls wie in der Grundschule das Lesen nur als eine Aneinanderreihung von Symbolen oder später Wörtern begreifen. Wir entnehmen den Wörtern nicht nur Buchstaben, sondern Inhalte.

Die meisten Wörter erkennt der Erwachsene auf Anhieb. Er ist in der Lage, schon zu Beginn des Wortes das Ende zu kennen. Deutlich wird dies unter anderem bei Zeilentrennungen.

> *Übung: Kennen Sie dieses Lied?*
>
> *„Mein"*
>
> *Wenn Sie jedes Wort einzeln fixieren, stoppen Sie nach dem Demonstrativpronomen „Mein" das erste Mal. Eine Information, wie das Lied heißt, können Sie noch gar nicht haben.*
>
> *Mit dem Fixieren hinter diesem Wort zwingen Sie Ihr Gehirn aber dennoch zu einer Pause.*
>
> *„kleiner"*
>
> *Vielleicht haben Sie schon eine Idee. Aufgrund Ihres vorhandenen Wortschatzes und vor allem aufgrund Ihrer Allgemeinbildung können Sie zumindest beginnen, das gesuchte Lied zu erraten.*
>
> *Wüssten Sie nicht, dass es sich um ein Lied handelt, würde Ihnen das Adjektiv immer noch nicht weiterhelfen. Dennoch zwingen Sie Ihr Gehirn wiederum zu einer Pause.*
>
> *„grüner"*
>
> *Jetzt kennen Sie den Liedtitel. Dennoch liest der ungeübte Leser auch noch das letzte Wort: „Kaktus".*

Bei einer Taschenbuchseite empfiehlt es sich, zwei bis drei Fixierungen pro Zeile anzustreben. „Mein kleiner, grüner Kaktus" hätten Sie mit einem Blick erkannt. Die üblichen vier Fixierungen für diesen Liedtitel sind überflüssig.

- Sie kosten wertvolle Lesezeit, langweilen das Gehirn und laden es zum Abschweifen ein.

- Handelt es sich nicht nur um einen Liedtitel, sondern um einen Schachtelsatz, laufen Sie bei zu vielen Fixierungen Gefahr, am Ende des Satzes den Anfang bereits vergessen zu haben. Probieren Sie das doch anhand des folgenden Beispiels aus.

Beispiel: Schachtelsatz

„Ein Vertreter kann, soweit nicht ein anderes ihm gestattet ist, im Namen des Vertretenen mit sich im eigenen Namen oder als Vertreter eines Dritten ein Rechtsgeschäft nicht vornehmen, es sei denn, dass das Rechtsgeschäft ausschließlich in der Erfüllung einer Verbindlichkeit besteht."
(Insichgeschäft - § 181 Bürgerliches Gesetzbuch)

Wie bilde ich optimale Wortgruppen?

Um den Nutzen noch einmal zu verdeutlichen: Durch die Bildung von Wortgruppen

- vermeiden Sie zu viele Fixierungen,
- lesen Sie schneller, weil Sie seltener „anhalten",
- verstehen Sie mehr, weil Sie Bedeutungseinheiten lesen und nicht einzelne, oftmals unbedeutende Wörter.

> **Praxistipp**
>
> Im Idealfall bestehen Wortgruppen aus drei bis vier einzelnen Wörtern.

In der deutschen Sprache werden gerade die sinntragenden Wörter, wie Substantive oder Eigennamen groß geschrieben. Sie stechen somit deutlich aus dem Text heraus. An diesen „großen" Wörtern können Sie sich zwar orientieren, Sie sollten sich aber auf keinen Fall vollends darauf konzentrieren.

Bei einer Fixierung sollte sich das Substantiv am Ende der Wortgruppe befinden. In der Praxis bedeutet das: Es ist sinnvoll, eine Wortgruppe links vom Substantiv anzugehen. Hier stehen oft Artikel, Präpositionen oder Adjektive, die für sich alleine nichtssagend, im Zusammenhang aber oft wichtig sind.

> **Praxistipp**
>
> Achten Sie auf die Satzzeichen! Kürzere Sätze lassen sich oft mit einer Fixierung lesen. In längeren Sätzen helfen Satzzeichen, Wortgruppen zu bilden.

Die folgende Übung sollten Sie nicht nur an dieser Stelle absolvieren, sondern sich immer wieder vornehmen. Sie trainiert sowohl die rhythmische Augenbewegung, als auch das Fixieren von Wortgruppen.

Schauen Sie sich Zeile für Zeile gleichmäßig an. Fixieren Sie jeweils das Symbol XXXXX.

Am Ende der Seite angelangt, beginnen Sie von vorne. Dieses Mal allerdings mit einer höheren Geschwindigkeit. Setzen Sie sich selbst unter Druck. Bedenken Sie immer, dass Sie jahrelange Leseblockaden lösen müssen.

Übung: Zwei Fixierungen pro Zeile

o o o o o o XXXXX o o o o o o o o o o o o XXXXX o o o o
o o o o o o o o o XXXXX o o o o o o o o o o o XXXXX o o
o o o XXXXX o o o o o o o o o o o o o o XXXXX o o o o
o o o o o o o XXXXX o o o o o o o o XXXXX o o o o o o
o o o o o o o o o o o XXXXX o o o o o o XXXXX o o o o
XXXXX o o o o o o o o o o o XXXXX o o o o o o o o o o
o o o o o o o XXXXX o o o o o o o o o o XXXXX o o o o
o o o o o o o o o o XXXXX o o o o o o o o o o o XXXXX o
o o o o XXXXX o o o o o o o o o o o o o XXXXX o o o o
o o o o o o o XXXXX o o o o o o o o XXXXX o o o o o o
o o o o o o o o o o o XXXXX o o o o o o XXXXX o o o o
XXXXX o o o o o o o o o o XXXXX o o o o o o o o o o o
o o o o o o o o XXXXX o o o o o o o o o o XXXXX o o o o
o o o o o o o o o o XXXXX o o o o o o o o o o o XXXXX o
o o o o XXXXX o o o o o o o o o o o o o XXXXX o o o o
o o o o o o o XXXXX o o o o o o o o XXXXX o o o o o o
o o o o o o o o o o o XXXXX o o o o o o XXXXX o o o o
XXXXX o o o o o o o o o o XXXXX o o o o o o o o o o o
o o o o o o o XXXXX o o o o o o o o o o XXXXX o o o o
o o o o o o o o o o XXXXX o o o o o o o o o o o XXXXX o
o o o o XXXXX o o o o o o o o o o o o o XXXXX o o o o

Lesefehler 2: Zu viele Fixierungen

Bei der nächsten Übung gilt es, drei Fixierungen pro Zeile möglichst rasch mit dem Auge zu erfassen. Drei Fixierungen benötigen Sie, wenn die Texte, die Sie schnell lesen möchten, über eine gewisse Breite geschrieben sind.

Übung: Drei Fixierungen pro Zeile

o o o o *XXXXX* o o o o o *XXXXX* o o o o o *XXXXX* o o o
o o o o o o *XXXXX* o o o o o *XXXXX* o o *XXXXX* o o o o
o *XXXXX* o o o o o o o *XXXXX* o o o o o o o *XXXXX* o o
o o o o o *XXXXX* o o o o o o *XXXXX* o o o o o o *XXXXX*
o o o *XXXXX* o o o o o o o o *XXXXX* o o o o *XXXXX* o
o o o o *XXXXX* o o o o o *XXXXX* o o o o o o *XXXXX* o o o
o o o o o o *XXXXX* o o o o o *XXXXX* o o *XXXXX* o o o o
o *XXXXX* o o o o o o *XXXXX* o o o o o o o *XXXXX* o o o
o o o o o *XXXXX* o o o o o o *XXXXX* o o o o o o *XXXXX*
o o o *XXXXX* o o o o o o o o *XXXXX* o o o o *XXXXX* o
o o o o *XXXXX* o o o o *XXXXX* o o o o o o *XXXXX* o o o
o o o o o *XXXXX* o o o o o *XXXXX* o o *XXXXX* o o o o o
o *XXXXX* o o o o o o *XXXXX* o o o o o o o *XXXXX* o o o
o o o o o *XXXXX* o o o o o o *XXXXX* o o o o o o *XXXXX*
o o *XXXXX* o o o o o o o o o *XXXXX* o o o o *XXXXX* o
o o o o *XXXXX* o o o o o *XXXXX* o o o o o o *XXXXX* o o o
o o o o o *XXXXX* o o o o o *XXXXX* o o *XXXXX* o o o o o
o *XXXXX* o o o o o o *XXXXX* o o o o o o o *XXXXX* o o o
o o o o o *XXXXX* o o o o o *XXXXX* o o o o o o o *XXXXX*
o o o *XXXXX* o o o o o o o o *XXXXX* o o o o *XXXXX* o
o o o o *XXXXX* o o o o o *XXXXX* o o o o o *XXXXX* o o o

Übung: Fixieren am Text

Nehmen Sie sich einen leichteren Roman zum Üben vor. Ziehen Sie auf den ersten zwanzig Seiten zwei gerade Linien von oben nach unten, sodass sich jeweils drei Spalten ergeben. Nun lesen Sie Zeile für Zeile, achten aber darauf, dass Ihre Augen jeweils von Linie zu Linie springen.

Durch die beiden Linien haben Sie einen breit geschriebenen Text so unterteilt, dass Sie Ihre Augen zwingen, nur zwei Fixierungen pro Zeile vorzunehmen.

Nachdem Sie dies eingeübt haben, können Sie anstatt Linien zu ziehen, zwei Finger in entsprechenden Abständen von oben nach unten über die Seite ziehen.

Werden Sie immer schneller. Achten Sie anfangs noch nicht auf das Textverständnis. Hier geht es nur darum, die geführten Augensprünge einzuüben.

Sie werden sehen, dass Sie nach und nach sowohl schneller lesen und gleichzeitig auch immer mehr vom Text verstehen werden.

Auf den Punkt gebracht

Bilden Sie Wortgruppen. Eine Wortgruppe besteht aus drei bis vier einzelnen Wörtern. Fixieren Sie links vom Substantiv. Achten Sie auf die Satzzeichen.

Lesefehler 3: Unterschwelliges Mitsprechen des Textes

Buchstabe für Buchstabe wird in der Grundschule das Alphabet gelehrt. Zuerst werden die unbekannten Symbole, die später als Buchstaben bezeichnet werden, in Laute verwandelt. Anschließend lernen die Schüler, aus diesen Lauten Worte zu bilden. Ihre Konzentration richtet sich noch sehr auf die Aussprache der einzelnen Laute, sodass sich der Sinn des gebildeten Wortes nicht sofort einstellt. Meist werden die Wörter noch langsam mitgesprochen: *„Mmmaa – mma"*. Kommt nun das Wort Mama in einem längeren Satz vor, sind die Grundschüler noch gezwungen, diesen laut mitzulesen, ansonsten würden sie am Satzende bereits den Anfang des Satzes vergessen haben.

Aber erinnern wir uns noch einmal zurück an unsere Schulzeit: Selbst nachdem wir alle Buchstaben lesen konnten, fehlte uns immer noch die Sicherheit. Erst ab dem zweiten oder dritten Schuljahr mussten wir die zu lesenden Sätze nicht mehr laut mitsprechen, aber wir sagten sie uns selbst – wie ein Mann im Ohr – auf.

> **Achtung**
> Diesem unterschwelligen Mitlesen passen wir das Lesetempo an und bremsen uns unnötig. Unser Gehirn kann aber viel schneller auffassen, als wir es mit unserer Sprache ausdrücken können.

Dass wir beim Lesen nicht mühselig Buchstabe für Buchstabe durchgehen müssen, zeigt die folgende Übung. Lesen Sie den Text zügig durch, ohne auf die einzelnen Buchstaben zu achten.

> *Übung: Nur der erste und letzte Buchstabe*
>
> *Luat enier sidtue an eienr elgnhcsien uvrsnäiett, ist es eagl in wcheler rhnfgeeloie die bstuchaben in eniem wrot snid. das eniizg whictgie ist, dsas der etrse und der lztete bstuchbae am rtigeichn paltz snid. der rset knan tatol deiuranchnedr sien und man knan es ienrmomch onhe porbelm lseen. das legit daarn, dsas wir nhcit jeedn bstuchbaen aeilln lseen, srednon das wrot als gzanes.*

Ihr Wortschatz ist gegenüber dem Grundschulalter gewachsen. So wie Sie mittlerweile die Wörter erfassen können, ohne den einzelnen Buchstaben dieselbe Bedeutung zukommen lassen, können Sie nun Wortgruppen aufnehmen, ohne den Sinn aus den Augen zu verlieren.

> **Achtung**
>
> Das Erfassen ganzer Wortgruppen funktioniert aber nur, wenn Sie nicht jedem einzelnen Wort dieselbe Bedeutung geben.

Beim Schnelllesen müssen, ja dürfen Sie sich nicht vollständig auf jedes Wort verlassen. Vertrauen Sie vielmehr Ihrem gesunden Menschenverstand und Ihren bereits vorhandenen Kenntnissen zum Thema des Lesestoffes. Machen Sie sich bewusst, dass Ihre Augen die Fähigkeit haben, auch die Flächen rund um das einzelne Wort zu erfassen.

Nur noch markante Wörter bewusst mitlesen

Das soll aber nicht heißen, dass Sie auf keinen Fall mehr unterschwellig mitlesen dürfen. Kommen in einem Text beispielsweise sehr schwierige Wörter oder Namen vor, lesen Sie diese bewusst mental mit. Dies hat dann dieselbe Wirkung wie der Fettdruck bei einem geschriebenen Text: Die Stelle wird hervorgehoben.

Wenn Sie bereits die beiden Hauptlesefehler *Zurückspringen im Text* und *zu viele Fixierungen pro Zeile* auch nur zum Teil reduziert haben, haben Sie kaum noch eine Chance, den Text mitzulesen. Gelingt es Ihnen,

▸ sinnvolle Wortgruppen zu bilden,

▸ schnell weiterzulesen, ohne im Text zurückzuspringen,

lesen Sie höchstens noch markante Wörter des Textes mental mit. Und dies kann dem Textverständnis nur zugute kommen. Optimal wäre es allerdings, wenn Sie die markanten Wörter bewusst mitlesen – und zwar nur dann, wenn Sie diese Wörter hervorheben wollen.

Übung: Das Mitlesen abtrainieren

Nehmen Sie sich einen beliebigen Text zur Hand. Achten Sie darauf, dass Sie pro Zeile drei Wortgruppen auffassen. Springen Sie beim Lesen von Wortgruppe zu Wortgruppe. Zählen Sie dabei laut mit: eins – zwei – drei, eins – zwei – drei, eins – zwei – drei usw. Versuchen Sie, trotz dieses Mitzählens so viel wie möglich zu verstehen. Anfangs wird Ihnen das vielleicht noch nicht gelingen. Erst wenn Sie nach einigen Übungen trotz des Zählens den Textinhalt verstehen, haben Sie das unterschwellige Mitlesen erfolgreich bekämpft.

Wortgruppen erfassen üben

Das unterschwellige Mitsprechen können Sie sich nur mit Ihrer eigenen Disziplin abtrainieren. Für das Erfassen von Wortgruppen sowie gegen das Zurückspringen im Text helfen Ihnen folgende ergänzende Übungen.

Die Übungen klingen zunächst sehr einfach, fast banal. Doch stoppen Sie jeweils die Zeit mit. Erst durch das erzwungene Tempo erreicht die Übung Effizienz.

So gehen Sie vor:

- Insgesamt gibt es vier ergänzende Übungen: Wörter – Zahlen – Buchstaben – Sinnverwandt. Das Vorgehen ist bei jeder einzelnen Übung dasselbe.

- Beginnen Sie mit der Übung 1 „Wörter": Schauen Sie sich das erste Wort an. Dieses Wort kommt in der gleichen Zeile entweder noch einmal, zweimal, dreimal oder gar nicht mehr vor.

- Streichen Sie es jedes Mal, wenn es in dieser Zeile auftaucht, an. Springen Sie nicht zurück.

- Lesen Sie sehr schnell. Überfliegen Sie regelrecht die Wörter. Vertrauen Sie Ihrem Gehirn.

- Am Ende der Seite kontrollieren Sie die Fehler und tragen das Ergebnis in die Tabelle am Ende des Buches ein.

- Verfahren Sie mit den weiteren Übungen auf dieselbe Weise.

Bei der letzten Übung „Sinnverwandt" gehen Sie im Prinzip auf die gleiche Weise vor. Allerdings suchen Sie hier in der Zeile nicht dasselbe Wort noch einmal, sondern ein

Lesefehler 3: Unterschwelliges Mitsprechen des Textes

sinnverwandtes. So können sich hinter dem Begriff „Schwein" in der Zeile auch Wörter wie zum Beispiel „Kuh" oder „Pferd" befinden. Wichtig ist, dass Sie auch hier mit hohem Tempo an die Übung herangehen.

Übung 1: Wörter

Haus Dach Stuhl Haus Maus Haus Kranz
Hand Stuhl Mann Hand Topf Ring Hand
Klotz Bein Frau Topf Kranz Dach Berg
Glas Gabel Glas Stuhl Bein Lift Glas
Sauna Auto Rad Sauna Wasser Tuch Berg
Blume Sonne Räder Blume Sauna Kissen Pluna
UKW MW MDR UAwG UKW KKW MfG
Radio Radio Radio Radon Rubin Radio Rosen
Sauna Sonne Sinne Saugen Siegen Sauna Sofas
Blut blöd bunt beige blutig Blei Bluse
Grund Hund bunt Grund Hund bunt Hund
Auto Glocke Russe Auto Auto Sage Aster
Löwe Stuhl Bein Sand Kuh Stange Löwe
Reiter Ritt Pferd reiten Reiter Reiter Kamel
Kissen Lasso Risse Küsse Küssen Kissen Küsse
grau klein grau grün grün grau rosa
Ritter Sattel Ritt Kugel Saal Klee Ritt
Blume Blüte Baum Rosen Herbst Baum Blume
Hand Hand Hund Hand Wand Wunde Wand
Lärm lahm lahm laut lesen liegen ahm
Lärm Lärm lahm Lärm laut lesen lahm
Fan Van Lahn Bahn Fahne Fan Rand
Suppe Puppe Puppe Suppe Gruppe Suppe Suppe

Übung 2: Zahlen

3486	3486	4367	8634	3486	8346	8634
2335	8089	9854	7495	2335	8943	3241
4368	6438	6834	4368	7634	6843	6843
3948	7463	7394	0473	0283	8937	7383
6696	9969	6669	6996	6966	6666	9999
7393	7393	7393	7393	7933	7393	7393
8396	8432	8490	5395	8396	0302	0374
0013	0361	0360	0036	9913	0013	7400
4976	8373	2335	8089	9854	7495	2335
8943	8943	3241	9437	3893	9472	8943
4368	6438	6834	4368	7634	6843	6843
9463	9463	8993	9843	7389	1271	1246
4976	4976	3739	9298	6763	3425	4286
8634	8634	7394	0473	0283	0846	6836
3241	4943	3241	8793	4495	8373	3241
6843	4368	2335	8089	9854	2462	6843
7383	0473	7383	9488	7892	7383	9802
6996	9999	7439	8429	6375	6886	6996
2335	8089	9854	7495	2335	8943	3241
4368	6438	6834	4368	7634	6843	6843
7812	1234	1243	1278	7118	7812	1287
1128	1289	1128	1272	9211	1284	1218
7939	7982	1798	1661	1876	1743	7939
9781	7918	9681	9781	9781	6871	7918
5576	7634	9342	3456	5567	5576	5534

Übung 3: Buchstaben

JKLK KLJK KKLJ LJKL JKII LIKI KLKJ
FSDS FDSD FSDS FKLS JKLS DFJK IEVM
IELV ILEV UZWI OIWW OXIL LJDW EILV
JLJW IWOO JLLW JLJW IOWS OLLW OXIS
JVML MLLS SOXI LOIX OWID YPYP JVML
JOYC CSOX XXOS YOXE OXIJ XOIE XOIE
ZTZW ZTZW ZZTW ZTZV ZTZO ZTZO ZTZW
OEIX LJXO XJOE YDWO OEIX OXUE AXYO
QOIE ZTOG ZAOG OASH AJOW QOIE YOZT
UEIE IUEI EIUW WIWW UIWW IEWO UEIE
GETE GETE GATA GETA GATE GETE TEGE
IOIG OIFO OIWS OIWL OIOG OIOG LKWE
OJIW JXXS XJLX OJIW YOSE OOXJ OOJW
JOXI JWON VJVH NOSW JOXI NXHE JOXH
OJXI JOXY JOYX JOIW OWIS XOIE OJXI
JXOI JOHW OYIE JYIOZ AZTE AARZ AJOZ
JOYW JYJU JOYI AOIU JAOI OYIU JYOI
BVCX NYIU BXYU BYIQ HYXIU WESX BVCX
IUZW UIWI IOWU YIOU AOIE YJOWI IUZW
MMMN MNNM MNNN NMMN MMMN MMMN MMMI
SIEO OIWE OJIW SOWE SAOE SIEO SIEO
OJFI OIEW OJIE WOIE OWIG OWIE OJFI
JFLK JKLF JKLS FJKL JFLK JFLK FLKJ
RTDE RPOT REOK RTFD RTDE PEOK RTDE
ASUT MJUT GIUT GIUT OSUP ESUT ASUT ASST

Übung 3: Sinnverwandt

Raubtier Bär Löwe Maus Grille Panther
Bus Salat Haus Traum Beere Kuchen
Dach Keller Küche Auto Ziege Flur
Teich Fisch Wasser Rasen Fleisch Sahne
Milch Boot Fluss Kakao Kaffee Floß
Klaus Angel Herbert Rolf Hand Engel
Stift Stoff Stiefel Cousin Anton Rosen
Zimmer Raum Boden Dach Clown Bluse
Sport Mord Kegeln Wind Berge Felge
Blut Haut Organ Auge Apfel Haar
Stiefel Schrank Sohle Senke Schuh Lack
Kamm Wurst Affe Sonne Loden Bayern
Tuba Horn Gitter Geige Flöte Ritter
Nuss Fuß Kuss Kokos Erdnuss Bus
Pinsel Farbe Sonne Kuchen Sänger Boot
Handy klingeln Post Kabel Rufton Gurt
Münze Geld Los Boden Brot Euro
Sieben Fünf Sorben Sarden Drei Elf
blind Huhn bunt taub hinkend rau
Kitz Kalb Eis Küken Kuh Sau
treten boxen kneifen Kniff Haken blau
kg mm cm t dl g
Topf Pfanne Herd Bräter Küche heiß
Sand Brut Kies Lied Land Nest
Rad Ring Reifen Kugel Ball

> **Auf den Punkt gebracht**
>
> Vermeiden Sie permanentes unterschwelliges Mitlesen. Ihr Gehirn ist schneller, als Sie sich mit Sprache ausdrücken können. Bewusstes unterschwelliges Mitlesen hebt bestimmte Textstellen hervor.

Wörter sind Symbole

Bevor wir „das erste Mal" lesen gelernt haben, waren für uns die Buchstaben „nur" Symbole. Da unser Gehirn bereits über einen längeren Zeitraum gearbeitet hat, bevor wir sprechen lernten, war es auch gewohnt, solche Symbole zu erkennen. Erst durch das Aneinanderreihen der Buchstaben, und leider auch durch das Mitlesen, wurden aus den Symbolen Wörter.

Durch das Bilden von Wortgruppen gewichten Sie nicht mehr jedes Wort einzeln, sondern lassen im Kopf Symbole entstehen. Diese Symbole verhindern das Mitlesen, erhöhen die Lesegeschwindigkeit und vor allem das Textverständnis.

Bestimmte und unbestimmte Artikel, Konjunktionen, Präpositionen, Hilfswerben, Pronomina und einige weitere kleine Wörter ergeben für sich allein gelesen keine Sinn. In Verbindung mit weiteren Wörtern, meist Substantive, sieht dies ganz anders aus.

Es gibt in der deutschen Sprache 50 Wörter, die insgesamt ein Drittel der gesamten Schriftsprache ausmachen.

> ### Die 50 häufigsten Wörter der deutschen Sprache
>
> *die – der – und – in – den – von – zu – mit – das – sich – für – im – ist – auf – des – nicht – dem – ein – eine – als – auch – es – an – aus – sie – werden – er – hat – nach – am – bei – wird – einer – um – wie – dass – sind – noch – vor – einem – über – einen – zum – nur – war – so – haben – aber – bis – oder*

Menschen, die viel lesen, stellen oftmals fest, dass auch Wörter, die man immer wieder liest, zu Symbolen werden. In erster Linie gilt dies für Fachbegriffe aus dem eigenen Berufsalltag. Wenn Sie sich zum Beispiel einen Krankenbericht vornehmen, den Ihr Hausarzt erstellt hat, werden Sie diesen Text ohne medizinische Vorkenntnisse auf keinen Fall mit einem hohen Textverständnis schnell lesen können. Selbst mit Lateinkenntnissen würden Sie häufig über das Fachvokabular stolpern. Ihr Hausarzt hingegen wird diese Schwierigkeiten nicht haben.

Auf den Punkt gebracht

Das Gehirn eines Erwachsenen nimmt viele Wörter als Symbole wahr. Dies gilt besonders für Wörter, die Sie regelmäßig lesen. Solche Symbole verhindern das Mitlesen, erhöhen die Lesegeschwindigkeit und vor allem das Textverständnis. Nutzen Sie zumindest die 50 häufigsten Wörter als Symbol.

Verständnistest 1: Wie viel haben Sie verstanden?

Jetzt kennen Sie die gravierendsten Lesefehler und haben einige Übungen absolviert, um Ihr Lesetempo zu beschleunigen. Nun ist Zeit für den ersten Verständnistest.

Ein Hinweis vorweg: Wahrscheinlich werden Sie jetzt langsamer lesen als beim Einstiegstest. Bedenken Sie jedoch, dass Sie wahrscheinlich das erste Mal gegen Ihre langjährig eingeprägte Lesegewohnheiten angehen werden. Erst die Übung macht den Meister.

> **Praxistipp**
> Wenn Sie das erste Mal auf Tempo lesen, werden Sie unter Umständen permanent das Gefühl haben, nichts vom Text mitzubekommen. Ignorieren Sie dieses Gefühl, sonst verpassen Sie den Inhalt in der Tat.

So gehen Sie vor:

- Lesen Sie den folgenden Text so schnell wie möglich.
- Achten Sie dabei bewusst nicht auf das Textverständnis. Lassen Sie sich vom logischen Aufbau des Autors leiten.

> **Praxistipp**
> Wenn sich bei beim Lesen das Gefühl einstellt, etwas verpasst zu haben, lesen Sie auf alle Fälle weiter. Oft werden Inhalte in einem Text mehrmals wiedergegeben, wenn auch mit anderen Worten. Vertrauen Sie Ihrem Gehirn.

- Ermitteln Sie anschließend Ihre Lesegeschwindigkeit.
- Auch diesen Wert tragen Sie in die Tabelle auf Seite 126 unter „*Verständnistest 1- WpM.*" ein.
- Beantworten Sie anschließend die Fragen zu dem Text. Natürlich ist hier ein Nachschlagen nicht erlaubt. Raten Sie auch nicht. Wenn Sie eine Antwort nicht wissen, lassen Sie die Frage offen.
- Jede richtige Antwort entspricht 10 Prozent Textverständnis. Übertragen Sie auch dieses Ergebnis in die Tabelle auf Seite 126.
- Starten Sie jetzt die Stoppuhr und beginnen Sie mit dem Verständnistext 1.

Verständnistest 1: Coachen Sie sich selbst

Sind Sie in Ihrem beruflichen Umfeld mit tief greifenden Veränderungen konfrontiert und machen sich nun Gedanken, was Sie tun sollten, um das Beste für sich daraus zu machen? Wollen Sie sich auf eine neue Situation einstellen, mit der Sie gar nicht gerechnet haben, z. B. eine strukturelle Umstellung in Ihrer Firma oder der Wechsel Ihres eigenen Vorgesetzten? Planen Sie selbst Weichenstellungen – oder haben diese bereits eingeleitet –, bei denen Sie sich mit neuen Anforderungen, Zielen oder Rahmenbedingungen auseinanderzusetzen haben? Denken Sie etwa an die Übernahme einer verantwortungsvollen Aufgabe oder die Mitarbeit in einem spannenden und komplexen Projekt. Wollen Sie beruflich weiter vorankommen, indem Sie Ihr Kommunikationsverhalten, Ihr Auftreten oder Ihre persönliche Wirkung verbessern?

Verständnistest 1: Wie viel haben Sie verstanden?

Was auch immer die Gründe für neue berufliche Herausforderungen im Einzelnen sein mögen: Veränderungen im Job oder in Ihrer Firma treten fast ständig auf. Je flexibler und effektiver Sie sich auf die neuen Umstände einstellen, umso besser für Sie. Vielleicht sind auch Sie selbst der Motor der Veränderung, indem Sie an sich, Ihrer Persönlichkeit und Ihren Verhaltenskompetenzen arbeiten wollen. Möchten Sie eigene Stärken und Fähigkeiten mehr zur Geltung bringen und noch zielstrebiger handeln, damit Sie künftig weiterhin erfolgreich sind? Wahrscheinlich ist Ihnen bewusst, dass Sie durch unglückliche Entscheidungen oder eigene Inkonsequenz bei anstehenden Veränderungen Fehler machen können, die Sie später bereuen. Wenn Sie beispielsweise in einem neuen Team oder Projekt mitwirken, hat schon Ihr Verhalten in den ersten Tagen Auswirkungen darauf, wie gut Sie als Kollege angenommen werden und ob womöglich gleich Porzellan zerbrochen wird, noch bevor Sie so richtig zu Ihren eigentlichen Aufgaben kommen.

Insofern stellen neue berufliche Anforderungen oder anstehende Veränderungen Sie persönlich auf die Probe: Wie gut gelingt es Ihnen, mit Menschen zusammenzuarbeiten, die Sie bisher noch gar nicht näher kannten? Wie schnell können Sie sich auf einen Wandel in Ihrem Umfeld in der Firma einstellen, wodurch plötzlich alles ganz anders wird? Von Ihnen wird dabei erwartet, dass Sie sorgfältig, überlegt und mit Blick auf die möglichen Konsequenzen Ihres Handelns agieren. Je mehr Sie selbst gestalten und je weniger Sie nur reagieren, desto eher behalten Sie die Oberhand und können neue Entwicklungen vorausschauend beeinflussen. Befinden Sie sich womöglich gerade in einer für Sie brenzligen Situation, bei der Sie denken: „Jetzt muss ich Acht geben!" „Ich darf nicht überhastet handeln." „Ich will die richtigen Entscheidungen treffen." „Wie verhalte ich mich nun am besten gegenüber Vorgesetzten, Kollegen oder Kunden?"

Unter Umständen wünschen Sie sich einen oder mehrere kompetente Gesprächspartner, mit denen Sie sich darüber verständigen, wie Sie optimal vorgehen. In kniffligen Entscheidungssituationen oder bei neuartigen beruflichen Aufgabenstellungen könnte es für Sie gerade günstig sein, sich mit einem Berater auszutauschen, der Ihnen die Vor- und Nachteile verschiedener Verhaltensalternativen aufzeigt, Ihnen ergänzende Hinweise gibt oder Ihnen Lösungsmöglichkeiten verdeutlicht, damit Sie in einer verzwickten Lage die richtigen Schritte einleiten. Aber wie das Leben gelegentlich spielt: Genau dieser Berater fehlt Ihnen jetzt oder ist nicht so ohne Weiteres zu finden. Die Ihnen zur Verfügung stehende Zeit ist knapp. Ihnen kommt es darauf an, zügig zu entscheiden, planvoll zu handeln oder bald zu Ergebnissen zu kommen, die Sie in Ihrem Business weiter voranbringen.

Sie wollen die Dinge im Griff behalten, die richtigen Prioritäten setzen und trotzdem das eine oder andere gut durchdenken, damit Sie nicht in eine Falle tappen! Und dazu suchen Sie Unterstützung, um die Situation genauer zu analysieren und sich dabei selbstkritisch unter die Lupe zu nehmen. Es mag sein, dass in einer solchen Situation tatsächlich ein persönlicher, professioneller Berater für Sie von Nutzen sein könnte, aber letztlich wissen weder Sie noch ich das genau. Vermutlich wollen Sie auch nicht zu lange zaudern und die Dinge selbst anpacken. In diesem Falle heißt die Devise für Sie: Coachen Sie sich besser selbst, bevor Sie gar nichts – oder das Falsche – tun!

Verständnistest 1: Wie viel haben Sie verstanden?

Sie kennen sich bestimmt zwar gut, aber in manchen Situationen eventuell nicht gut genug, um das Beste für sich und andere aus Ihren eigenen Fähigkeiten und Potenzialen herauszuholen! Seien Sie deshalb vorsichtig, wenn Sie etwas nicht alleine stemmen können. Vermeiden Sie es, sich zu überfordern oder Ihre Ressourcen zu überschätzen. Backen Sie im Zweifelsfalle eher etwas kleinere Brötchen. Wahrscheinlich geht es Ihnen so, dass Sie zwar leicht etwas in Gang setzen, aber unter Umständen die Dinge später nicht wieder einfach umkehren können. Das gilt gerade dann, wenn Sie als verantwortliche Fach- oder Führungskraft komplexe Entscheidungen mit Tragweite treffen, die mittelbar Ihre Firma, Ihre Vorgesetzten, Ihre Kollegen oder sogar Ihre Kunden mit betreffen. Es wäre wenig vorteilhaft für Sie, wenn andere das auszubaden haben, was Sie etwa an durchaus gut gemeinten Umstellungen bei sich oder bei Dritten einleiten.

Sich selbst zu coachen ist die Grundhaltung, Denkprinzip und Methode zur eigenen, selbst gesteuerten Handlungsoptimierung: Erarbeiten Sie sich durch eine bewusste, achtsame und sorgfältige Situations- und Selbstanalyse neue Erkenntnisse, die es Ihnen ermöglichen, künftige Entscheidungen besser vorzubereiten. Dazu gehört, wünschenswerte Veränderungen – gerade bei sich selbst – konsequent umzusetzen. Wenn es Ihnen gelingt, Ihr Vermögen zur Selbstreflexion bzw. Ihr Selbstcoaching-Potenzial auszubauen, kann Ihnen dies helfen, aus Ihrem Job und Ihrer eigenen Persönlichkeit mehr zu machen. Schauen Sie deshalb genauer auf sich selbst, um mehr Reife zu gewinnen und dabei mit Bedacht beruflich nach vorne zu kommen. Aber ohne dass Sie sich auf dem eingeschlagenen Weg selbst aufgeben oder Ihre Werte, Ihre Bedürfnisse und Ihre Identität auf der Strecke bleiben.

> *Sich selbst zu coachen ist auch so gemeint, dass Sie eine Übereinstimmung finden zwischen dem, was Sie prinzipiell erreichen könnten und dem, was Sie tatsächlich mit innerer Bewusstheit anstreben wollen. Achten Sie darauf, dass Sie imstande sind, sich selbst morgen noch im Spiegel anzuschauen. Vermeiden Sie es, Ihre Leistungsfähigkeit, Ihr Wohlbefinden und Ihr persönliches Profil für halbherzige, letztlich undurchdachte berufliche Entscheidungen, einseitige Karriereschritte oder eine stromlinienförmige, maskenhafte Selbstveränderung aufzuopfern.*

Stoppen Sie jetzt die Uhr.

Ermittlung der Lesegeschwindigkeit

▸ Dividieren Sie nun die Anzahl der Wörter – in diesem Text waren es 947 – durch Ihre Lesezeit. Sie kennen nun Ihre Lesegeschwindigkeit, Sie wissen, wie viel Wörter Sie pro Minute gelesen haben.

▸ Tragen Sie das Ergebnis in das Feld *„Verständnistest 1-WpM:"* in die Tabelle auf Seite 126 ein.

Ermittlung des Textverständnis

▸ Beantworten Sie nun die nachfolgende zehn Fragen zum Text – ohne nachzublättern und ohne zu raten. Wissen Sie eine Antwort nicht, gilt diese als falsch.

▸ Für jede richtige Antwort erhöht sich Ihr Textverständnis um 10 Prozent. Tragen Sie auch diese Prozentzahl in die Tabelle auf Seite 126 ein.

Verständnistest 1: Fragen zum Verständnis

1. Auf welche Situation müssen Sie sich nicht einstellen?

a) Umstellung in Ihrer Firma

b) Wechsel des Vorgesetzten

c) Übernahme einer verantwortungsvollen Aufgabe

d) Wechsel der Firma

2. Aufgrund welcher Auswirkungen kann bei einer Teamarbeit Porzellan zerbrochen werden?

a) unglückliche Entscheidungen

b) Inkonsequenz bei anstehenden Entscheidungen

c) Verhalten in den ersten Tagen

d) Streit mit den Kollegen

3. Was bringt es Ihnen, selbst mehr zu gestalten, anstatt nur zu reagieren?

a) Sie werden bei der nächsten Beförderung eher berücksichtigt.

b) Sie sind im Team anerkannter.

c) Sie behalten stets die Oberhand.

d) Sie machen weniger Fehler im Arbeitsablauf.

4. Was ist im geeigneten Moment nicht zur Stelle?

a) kompetente Berater

b) Unterlagen zum Nachschlagen

c) Zeit

d) nichts von alledem

5. Warum heißt die Devise: Coachen Sie sich selbst?

a) Es ist besser, als nichts oder das Falsche zu tun.

b) So kann Ihnen keiner in Entscheidungen reinreden.

c) Sie sind für Ihre Entscheidungen alleine verantwortlich.

d) Es bringt Sie schneller innerhalb der Firma nach oben.

6. Was sollten Sie auf alle Fälle vermeiden?

a) alleinige berufliche Entscheidungen

b) zu große persönliche Veränderungen

c) das Überschätzen Ihrer Ressourcen

d) Dienst nach Vorschrift

7. Was bedeutet „Sich selbst coachen"?

a) intensives autogenes Training

b) selbst gesteuerte Handlungsoptimierung

c) ein Weg, um rasch Veränderungen durchzusetzen

d) nicht von alledem

8. Warum sollten Sie immer wieder auf sich selbst schauen?

a) um mehr Reife zu gewinnen

b) um Selbstzweifel auszuräumen

c) um sich immer wieder neu motivieren zu können

d) nichts von alledem

9. Was sollten Sie mit Selbstcoaching erreichen?

a) Übereinstimmung zwischen dem Veränderbaren und dem Angestrebten

b) Leistungsfähigkeit und Wohlbefinden

c) persönliches Profil

d) stromlinienförmige Selbstveränderung

10. Was will der Text insgesamt erreichen?

a) Sie zu beruflichen Veränderungen animieren

b) Sie zu privaten Veränderungen animieren

c) erklären, wie berufliche Herausforderungen zu meistern sind

d) nichts von alledem

Auflösung

Frage	richtige Antwort	Frage	richtige Antwort
1	d	6	c
2	c	7	b
3	c	8	a
4	a	9	a
5	a	10	c

Weitere Lesefehler und was man dagegen tun kann

Verstehen Sie mich bitte nicht falsch: Die in der Grundschule erworbenen Fähigkeiten sind nicht grundsätzlich zu verachten. Schließlich wird dort das erste Lesen gelehrt. Problematisch ist jedoch, dass uns die in der Grundschule erworbenen Fähigkeiten heute daran hindern, uns beim Lesen weiterzuentwickeln. Grund genug, Sie noch auf weitere Lesefehler hinzuweisen, die Sie daran hindern, Texte schneller zu lesen und besser zu verstehen.

Beginnen wir gleich bei einem weiteren großen Lesefehler, der mangelnden Konzentration.

Konzentrationsmangel beim Lesen entsteht durch

- Schwierigkeiten beim Auffassen des Lesestoffs,
- unangebrachte Lesegeschwindigkeit,
- falsche Einstellung zum Text,
- schlechte oder fehlende Organisation,
- zu wenig Pausen und vor allem
- durch einen unzureichenden Wortschatz.

> **Praxistipp**
>
> Mit der Steigerung Ihrer Konzentrationsfähigkeit können Sie über einen längeren Zeitraum schneller lesen. Das kommt wiederum dem Textverständnis zugute.

Das Vermeiden der gravierenden Lesefehler lässt Sie zu einem schnelleren Leser werden. Mit dem zusätzlichen Bekämpfen von Konzentrationsschwierigkeiten haben Sie das Rüstzeug, in ungeahnte Dimensionen des Schnelllesens vorzustoßen.

Schwierigkeiten beim Auffassen des Lesestoffs

Schnelllesen ist gerade im beruflichen Alltag sinnvoll. Doch oftmals sind die Texte mit Fremdwörtern und Fachbegriffen vollgestopft, verschachtelt oder auch wenig strukturiert. Liest man diese Art Texte zu schnell, bleibt das Textverständnis oftmals völlig auf der Strecke.

Daher der Rat: Lesen Sie diese Texte einfach mehrfach. Am Ende des Schnelllesetrainings lesen Sie mindestens doppelt so schnell wie bisher. Selbst bei zweimaligem Lesen von schwierigen Texten sind Sie somit immer noch schneller als bei der herkömmlichen Lesemethode.

Unangebrachte Lesegeschwindigkeit

In der Grundschule wurde uns beigebracht, langsam und konzentriert zu lesen. Die Folge: Auch im Erwachsenenalter werden die meisten Texte zu langsam gelesen. Doch je langsamer Sie lesen, umso weniger werden Sie vom Text verstehen. Gewöhnen Sie sich daher an, die Texte immer etwas schneller zu lesen. Sie stoßen so auf Ihre „Wohllesegeschwindigkeit". Achten Sie jedoch unbedingt darauf, dass Sie dieses Lesetempo nicht überschreiten. Darunter würde das Textverständnis leiden.

Falsche Einstellung zum Text

Viele Leser beginnen einen Text zu lesen, ohne vorher den Kopf freizuhaben. Schnell gehen die Gedanken beim Lesen auf Wanderschaft.

In erster Linie hilft die Erhöhung der Lesegeschwindigkeit. Hilfreich ist aber auch, kurz innezuhalten, bis alle Gedanken, die nicht mit dem Text zusammenhängen, mental verarbeitet sind.

Schlechte oder fehlende Organisation

Um einen Roman zu lesen, brauchen Sie sich nur hinzusetzen und das Buch aufzuschlagen. Im beruflichen Alltag sieht das meistens anders aus. Kaum haben Sie sich dazu durchgerungen, die ungeliebte Akte zu lesen, schon stellen Sie fest, dass Ihnen ein Bleistift fehlt, das Diktiergerät ohne Kassette ist usw. Die Folge: Sie sind abgelenkt und brauchen länger für das Lesen der Textes.

Organisieren Sie Ihren Schreibtisch besser vor dem Aufschlagen einer Akte, eines Berichtes oder einer Präsentation Legen Sie alles bereit, was Sie zum Arbeiten benötigen.

Zu wenig Pausen

Sich zu wenig Pausen beim Lesen zu gönnen, ist der größte Konzentrationshemmer. Durchschnittlich können wir uns nur zehn bis 15 Minuten hoch und höchsten 90 Minuten vernünftig konzentrieren.

Pausen lassen sich überall vernünftig gestalten:

- Am einfachsten ist das kurzzeitige Schließen der Augen.
- Stärken Sie die Muskulatur am Halswirbel, indem Sie sich aufrecht hinsetzen und mit leichtem Druck die Handfläche an die Stirn drücken. Wiederholen Sie dies an anderen Stellen des Kopfes.
- Wechseln Sie Ihre Haltung. Arbeiten Sie einige Zeit am Stehpult. Laufen Sie kurz herum.

Der Wortschatz reicht nicht aus

Ihre Konzentration wird vor allem dann schnell abnehmen, wenn Sie einen Text lesen, der mit Wörtern gespickt ist, deren Bedeutung Sie nicht kennen. Der Lesefluss wird in diesem Fall unnötig durch die Angst unterbrochen, aufgrund des fremden Wortes den gesamten Text nicht zu verstehen.

> **Praxistipp**
> Wenn Sie auf ein solches Wort stoßen, unterstreichen Sie es rasch und lesen Sie sofort weiter. Am Ende des Textes können Sie schließlich das Wort immer noch nachschlagen. Oftmals ist es jedoch bis zu diesem Zeitpunkt schon aus dem Textzusammenhang heraus verständlich geworden.

Der eigene Wortschatz sagt aus, welche Texte Sie ohne Verlust des Textverständnisses problemlos lesen können. Ein umfangreicher Wortschatz hilft Ihnen in vielen Lebenslagen weiter:

- Für Schüler hängt das Lösen von Aufgaben oft davon ab, ob sie die Wörter in den Aufgaben richtig verstehen.
- In Eignungs- und Einstellungstests muss immer mit einem Wortschatztest gerechnet werden.
- Redner werden häufig an ihrem Vokabular gemessen.
- Der Geschäftsmann kann Verhandlungen effizienter führen, wenn er seine Worte gut zu wählen weiß.
- Generell ist es immer von Vorteil, sich bei vielen Gesprächen mit dem entsprechenden Wortschatz beteiligen zu können.

> **Achtung**
> Die Erweiterung seines Wortschatzes gilt als einer der bedeutendsten Faktoren, um das persönliche Bildungsniveau anzuheben.

Doch wie kann ich mir einen größeren Wortschatz aneignen? Die Antwort ist simpel: lesen, lesen, lesen. Doch Achtung: Gerade wenn Ihr Wortschatz noch zu gering ist, sollten Sie unbedingt bewusster lesen. Streichen Sie sich zum Beispiel Wörter, die Sie nicht kennen, an und schlagen Sie diese später nach. Noch mehr Vokabular erhalten Sie, wenn Sie zusätzlich noch die Synonyme heraussuchen.

Aber auch die Kenntnis des Wortaufbaus hilft, den Wortschatz zu erhöhen: Viele Verben, Substantive und Adjektive verändern ihre Bedeutung, indem das Präfix – die Vorsilbe – ausgetauscht wird (zum Beispiel an-kaufen und ver-kaufen).

Viele Präfixe bestimmen einen Standort, einen Gegensatz oder eine Bewegung.

Dem durchschnittlichen Leser sollten die deutschen Vorsilben bekannt sein. Ein großer Teil unserer Muttersprache leitet sich jedoch aus dem Griechischen oder Lateinischen ab. Dies bedeutet erst recht, dass Sie Ihnen unbekannte Worte nachschlagen und sich mit dem deutschen Ursprung auseinandersetzen sollten

Nehmen wir ein Beispiel: Charisma (griech.) = Ausstrahlung

Mussten Sie das Wort nachschlagen? Ähnlich wie beim Vokabellernen, haben Sie gerade Ihren Wortschatz erhöht.

Beschäftigen Sie sich ein wenig mit dem griechischen Ursprung (charismatisch, Charismen, Charismata), aber auch mit dem deutschen Wort (ausstrahlend, Ausstrahlungen).

Praxistipp

Ihr Wortschatz erweitert sich enorm, wenn Sie die wichtigsten deutschen, griechischen und lateinischen Präfixe lernen, wie zum Beispiel diese:

- con- = mit, zusammen, völlig (Beispiele: Kondensator, Kontraktion, Konferenz)
- infra- = inter (Beispiele: Infrastruktur, Infrarot)
- sub- = unter (Beispiele: Subkultur, Subjekt)
- post- = hinter, nach (Beispiele: postmodern, Postposition)
- prä- = vor (Beispiele: präparieren, Präposition)
- außerdem: pro-, semi-, super- und viele, viele mehr.

Das Gegenteil des Präfixes ist das Suffix, welches auch Nachsilbe oder Endung genannt wird. Die meisten Suffixe drücken Eigenschaften oder Qualitäten aus. Manchmal verändert sich der Sinn des Wortes mit dem Austausch des Suffixes oder des Präfixes komplett.

Da viele Wörter unserer Sprache aus dem Griechischen oder Lateinischen kommen, lohnt es sich besonders, die Wurzeln dieser Wörter zu kennen. Bedenken Sie: Fremdwörter, deren Bedeutung Sie nicht kennen, bremsen beim Lesen.

Mit folgenden Tipps und Tricks eignen Sie sich in kürzester Zeit eine große Anzahl von Fremdwörtern an:

- Achten Sie beim Lesen besonders auf Präfixe und Suffixe. Sie werden schnell erkennen, welche wann angewandt werden und dadurch den Sinn des Grundwortes verändern..

- Interessieren Sie sich für den Ursprung der Fremdwörter, die Ihnen häufiger begegnen.

- Machen Sie es sich zur Aufgabe, täglich mindestens ein neues Fremdwort neu zu erlernen.

- Nutzen Sie die neu erworbenen Kenntnisse in möglichst vielen Gesprächen. Nur durch ständige Wiederholungen bleiben sie Ihnen langfristig im Gedächtnis.

- Schlagen Sie konsequent jedes Ihnen nicht bekannte Wort nach – allerdings erst am Ende des Textes, sonst bremsen Sie sich beim Lesen aus.

Auf den Punkt gebracht

▸ Nicht alles, was wir in der Grundschule zum Thema Lesen gelernt haben, ist falsch. Sie sollten Ihre Lesefähigkeiten jedoch ausbauen.

▸ Vor allem mangelnde Konzentration bremst beim Schnelllesen. Daher: Organisieren Sie sich vor dem Lesen. Und konzentrieren Sie sich von Anfang an auf den zu lesenden Text. Lesen Sie eher schneller, als zu langsam. Und: Machen Sie Pausen!

▸ Schwierige Texte können Sie durchaus öfter lesen.

▸ Verbessern Sie Ihren Wortschatz.

Die Umgebung muss stimmen

Das Vermeiden der Lesefehler allein ist noch nicht alles. Auch die Umgebung, in welcher Sie lesen, spielt eine große Rolle. Unterschätzen Sie diesen Punkt nie. Ihre innere Einstellung zum Lesen sowie die äußere Umgebung, in welcher Sie lesen, addiert sich nicht einfach zum positiven Effekt, sondern potenziert sich. Bildlich gesprochen wird hier aus $1 + 1 = 3$.

Achtung
Dieser Effekt gilt aber auch im negativen Bereich. Stimmt entweder Ihre Einstellung oder die Leseumgebung nicht überein, haben Sie keine Chance, mit einem guten Textverständnis schnell zu lesen.

Eine gute Umgebung zum Lesen bedeutet:

- Der Platz, an welchem Sie lesen, sollte hell, geräumig und gut ausgerüstet sein. Sie sollten sich an diesem Platz auch wohlfühlen, wenn Sie nicht lesen.

- Vielen Lesern ist es angenehm, bestimmte Texte immer an hierfür besonders geeigneten Orten zu lesen: die Zeitung am Frühstückstisch, den Roman im Bett, Berichte und Reportagen am Stehpult usw.

- Das Licht muss stimmen. Der Bereich, in welchem Sie lesen, sollte hell genug sein, um den Lesetext optimal zu beleuchten. Gleichzeitig sollte das Licht aber keinen zu großen Kontrast zum Rest des Raumes darstellen. Benutzen Sie eine Tischlampe, achten Sie darauf, dass der Rest vom Raum ebenfalls leicht beleuchtet ist.

> **Praxistipp**
>
> Am besten ist aber immer noch Tageslicht. Wenn es Ihnen möglich ist, lesen Sie am Fenster. Achten Sie andernfalls darauf, dass das Licht über Ihre Schulter auf das Blatt fällt. Idealerweise sollte das Licht über die Seite einfallen, mit welcher Sie nicht schreiben. So vermeiden Sie Schattenbildungen.

- Wichtig ist auch Ihre Sitzhaltung. Setzen Sie sich auf einen Platz, der weder zu hart, noch zu weich ist. Auf alle Fälle sollten Sie gerade sitzen. Schon eine leicht schräge Sitzhaltung kann langfristig zu Haltungsschäden führen.

- Die Höhe des Sitzes und – sollten Sie am Schreibtisch lesen – des Tisches sind wichtig. Die Knie sollten im rechten Winkel sein, wenn Sie mit den Fußsohlen den Boden berühren. Das Gleiche gilt für die Ellbogen. Sie sollten rechtwinklig sein, wenn Sie etwas notieren.
- Der optimale Abstand zwischen Augen und Lesematerial liegt bei ca. 30 bis 40 cm.

Aber auch die innere Einstellung zum Lesen muss stimmen:

- Wenn Sie die Möglichkeit haben, Ihre Zeit zum Lesen frei einzuteilen, testen Sie aus, wann Ihre beste Lesezeit ist. Jeder hat seinen Konzentrationshöhepunkt zu einer anderen Uhrzeit. Mangelnde Konzentration verhindert Schnelllesen.
- Vermeiden Sie möglichst jede Ablenkung, innere und äußere. Die Konzentration und damit der Lesefluss sind schnell unterbrochen, wenn das Telefon klingelt, ständig jemand in den Raum kommt oder wenn Sie durch Gedanken aufgewühlt sind.

Auf den Punkt gebracht

Sowohl die äußere Umgebung als auch die innere Einstellung müssen stimmen. Stimmt nur einer der beiden Aspekte nicht, potenziert sich das Ergebnis negativ.

Verständnistest 2: Wie viel haben Sie verstanden?

Versuchen Sie diesen Test mit höherem Tempo zu lesen. Sie wissen bereits, dass Sie den Inhalt nur dann nicht mitbekommen, wenn Sie mit Ihren Gedanken nicht bei der Sache sind. Erhöhen Sie nach und nach Ihre Lesegeschwindigkeit so lange, bis Ihr Gehirn den Text nicht mehr ausreichend verstehen kann. An diesem Punkt werden Sie nicht langsamer, sondern lesen genau in diesem Tempo weiter. Ihr Gehirn wird sich rasch auf die neue Situation einstellen.

> **Achtung**
> Ihr Gehirn steht nun vor der Wahl, sich anzupassen oder keinen Inhalt aufzunehmen. Gehirne wollen aber permanent mit neuem Wissen gefüttert werden. Zwingen Sie Ihr Gehirn durch Lesen mit hohem Tempo zur Anpassung.

So gehen Sie vor:

- Entspannen Sie sich noch einmal kurz vor dem Lesen.
- Starten Sie die Stoppuhr und beginnen Sie zu lesen.

Verständnistest 2: ICE 3

Der ICE 3 ist ein Hochgeschwindigkeits-Elektrotriebwagenzug der Deutschen Bahn AG. Mit einer zugelassenen Höchstgeschwindigkeit von 330 km/h sind sie die schnellsten Reisezüge in Deutschland. Im regulären Betrieb erreichen die Triebzüge bis zu 300 km/h in Deutschland, beziehungsweise 320 km/h in Frankreich.

Die 200 m langen Halbzüge werden aus acht Wagen gebildet und seit Juli 2000 im Reisezugbetrieb eingesetzt. Sie stellen einen Technologiesprung im ICE-Bereich dar und sind Träger zahlreicher technischer Innovationen. So sind sie unter anderem die ersten europäischen Hochgeschwindigkeits-Serienzüge mit Unterflurantrieb, Wirbelstrombremsen und einer „Lounge", aus der Reisende dem Lokführer „über die Schulter" schauen können.

Die Bahn bestellte im Juli 1994, auf Grundlage eines 1993 abgeschlossenen Vertrags, insgesamt 50 der neuen, damals noch als ICE 2.2 bezeichneten Hochgeschwindigkeitszüge. 13 Züge sollten im grenzüberschreitenden Verkehr eingesetzt werden. Die ersten vier Züge sollten dabei mit dem Fahrplanwechsel im Dezember 1997 zwischen Frankfurt, Köln und Amsterdam zum Einsatz kommen. Die Anschaffungskosten beliefen sich auf etwa eine Milliarde Euro. Darüber hinaus bestand eine Option auf 50 weitere Triebzüge.

Charakteristische ICE-Designmerkmale sind die aerodynamische „Schnauze", das verspiegelte Fensterband sowie der rote Zierstreifen auf weißem Grund. Auf Grund ihres ähnlichen Designs können ICE 3 und ICE T leicht verwechselt werden.

Im Oktober 1998 erfolgten Rollversuche auf dem Rollprüfstand in München. 1999 lief die Inbetriebsetzung der Züge im Prüfcenter Wegberg-Wildenrath von Siemens an. Vertreter der ICE-3-Arbeitsgemeinschaft übergaben symbolisch Bahnchef Hartmut Mehdorn einen großen Schlüssel für den ersten ICE 3 (Tz 303). Bei einer anschließenden Präsentationsfahrt für Journalisten nach Wolfsburg erreichte der Zug, mit Sondergenehmigung, eine Höchstgeschwindigkeit von 307 km/h. Bei einer Testfahrt erreichte der Zug im Jahr

2000 eine Geschwindigkeit von 368 km/h und stellte damit einen neuen Weltrekord für in Serie gefertigte Schienenfahrzeuge auf. Der Rekord wurde im September 2006 durch den Velaro E mit 404 km/h überboten.

Ursprünglich bestanden die Züge aus vier Wagen der 2. und drei Wagen der 1. Klasse, die durch einen Speisewagen getrennt waren. Anfang 2002 erfolgte in den Ausbesserungswerken Delitzsch und Hagen ein Umbau der Inneneinrichtung der Züge. Untersuchungen im Hinblick auf die bevorstehende Eröffnung der Schnellfahrstrecke Köln-Rhein/Main hätten ergeben, dass die Zahl der Sitzplätze in der 1. Klasse zu hoch, in der 2. Klasse dagegen zu niedrig bemessen gewesen sei.

Im Kinderabteil entfielen Spielwand und Spielzeug-Motorrad; das Abteil wurde zum Multifunktionsabteil umdeklariert. Auf massive Kritik stieß die Entfernung des Restaurantbereiches, der durch Bistrotische und zwölf reguläre Fahrgastsitze der 2. Klasse ersetzt wurde. Im Rahmen eines neuen Gastronomiekonzeptes sollte dabei, ab Eröffnung der Schnellfahrstrecke Köln-Rhein/Main, statt des Restaurants ein verstärkter „Am-Platz-Service" angeboten werden. Pläne, dieses Konzept nach Eröffnung der Strecke auf weitere ICE-Triebzüge auszuweiten, setzte die Deutsche Bahn nicht um.

Unfälle

▸ *Am 1. April 2004 entgleiste Triebzug 321 (Krefeld) als ICE 600 bei Idstein, die örtlich zulässige Höchstgeschwindigkeit betrug 80 km/h, nachdem er mit einem Traktor zusammengeprallt war, der zuvor auf die Gleise gestürzt war. Der Traktorfahrer, der sich noch aus dem herabstürzenden Traktor befreien konnte, wurde schwer verletzt. Im Zug wurden zwei Personen leicht verletzt. Der*

Triebfahrzeugführer des ICE konnte noch kurz vor dem Zusammenprall eine Schnellbremsung einleiten, die den Zug nach rund 250 m zum Stehen brachte. Der entgegenkommende ICE 271 (ICE 1) streifte den verunglückten Zug und beschädigte eine Seitenscheibe des ICE 3, konnte die Fahrt jedoch fortsetzen. Weitere Personen kamen nicht zu Schaden. Der Triebzug 321 wurde daraufhin aufgelöst und mehrere seiner Wagen auf andere Triebzüge verteilt. Später wurde er mit Wagen aus anderen Garnituren wieder zusammengesetzt.

▸ *Am 16. Mai 2008 geriet ein Wagen eines ICE 3MF, der als ICE 9554 auf der LGV Est européenne fuhr, in der Nähe von Paris in Brand. Die rund 300 Fahrgäste mussten den Zug auf offener Strecke verlassen und erreichten Paris mit einer Verspätung von rund drei Stunden mit einem TGV-Ersatzzug. Die Strecke war infolge des Brandes ab 16:40 Uhr für zwei Stunden gesperrt. Als Ursache gilt ein Schaden an einem Fahrmotorlager. Der betroffene Triebzug 4682 (Köln) ist im Moment nicht fahrfähig (Stand: Mitte Dezember 2008).*

▸ *Am 8. Juli 2008, gegen 16 Uhr, prallte ICE 9555 auf der Fahrt von Paris nach Frankfurt, im Bereich des Haltepunktes Kennelgarten (bei Kaiserslautern) bei rund 100 km/h mit einem Baustellenfahrzeug zusammen, das sich im Schotter festgefahren hatte. Sechs Wagen des Triebzugs 4684 wurden beschädigt. Von den rund 400 Fahrgästen wurde niemand verletzt. Nach einer zweistündigen Streckensperrung konnte der beschädigte Zug aus eigener Kraft bis Kaiserslautern weiterfahren. Nach diesem Unfall wurde kurzzeitig überlegt, aus den Triebzügen 4682 und 4684 eine einsatzfähige Garnitur zusammenzusetzen.*

> Am 9.Juli 2008 entgleiste ein ICE 3 (Tz310 *Wolfsburg*), der als ICE 518 von München nach Dortmund unterwegs war, kurz nach 16 Uhr unmittelbar bei der Ausfahrt aus dem Kölner Hauptbahnhof vor der Hohenzollernbrücke. Als Ursache gilt eine gebrochene Radsatzwelle. Der Zug wurde durch eine Notbremsung zum Stillstand gebracht nachdem der Radsatz über Schwellen rumpelte. Die Staatsanwaltschaft meldete, sie habe die Person gefunden, die die Notbremse betätigte. Sie ließ dabei offen, ob es sich um einen Bahnmitarbeiter oder einen Fahrgast handelt. Wichtig sei, was die Person zuvor beobachtet hätte. Verletzt wurde bei dem Unfall niemand, die Fahrgäste konnten über Türen am Ende der beiden Zugteile auf den Bahnsteig zurückkehren. Nach Angaben von Fahrgästen waren bereits vor Köln in einem Wagen Geräusche zu hören; nach Abfahrt in Köln sei einer der beiden Triebzüge zwischen zwei Wagen auseinander gerissen.

Technik

Die wesentliche Neuerung der Züge, gegenüber den Vorgängerbaureihen ICE 1 und ICE 2, ist dabei der verteilte Antrieb. Fast die gesamte elektrische Ausrüstung (z. B. Fahrmotoren, Traktionsstromrichter und Transformatoren) ist unter dem Fahrgastraum angebracht und über die gesamte Länge des Zuges verteilt. Damit konnte auf Triebköpfe verzichtet werden. Jeweils vier der acht Wagen eines Halbzuges bilden dabei einen betrieblich nicht trennbaren Triebzug mit Fahrmotoren, Transformator und Stromrichtern.

Zwei mittig angeordneten, antriebslosen Mittelwagen folgt auf beiden Seiten des Triebzugs eine so genannte Traktionsgruppe aus drei Wagen. Diese drei Wagen bilden dabei elektrotechnisch eine Einheit. Jeweils in der Mitte der *beiden Gruppen läuft ein nicht angetriebener Transformatorwagen mit Stromabnehmer und Transformator (5 MW Leistung je Wagen). Diesem folgen auf beiden Seiten Stromrichterwagen mit Stromrichtern und je zwei Triebdrehgestellen mit je vier Fahrmotoren. Die beiden Endwagen des Zuges nehmen zusätzlich je einen Führerstand auf. Die beiden Stromabnehmer des Einsystem-Zuges sind auf den beiden Transformatorwagen 2 und 7 angebracht. Im Mehrsystemzug sind die vier dazwischen gereihten Wagen ebenso mit jeweils einem Stromabnehmer ausgestattet.*

Die angetriebenen Wagen werden von jeweils vier 500 kW starken Motoren von 750 kg Masse angetrieben, welche bei rund 4.100 Umdrehungen pro Minute eine planmäßige Laufleistung von etwa 2,3 Millionen Kilometer erreichen. Mit einer Antriebsleistung von 8 MW je Halbzug ergibt sich bei einem maximalen Dienstmasse von 420 Tonnen eine spezifische Leistung von 19 kW/t; diese liegt etwa doppelt so hoch wie die des ICE 1. Der ICE 3 kann damit im Planbetrieb größere Steigungen bewältigen als seine Vorgängerbaureihen. Er ist der einzige Personen befördernde Zug, der die mit bis zu 40 Promille trassierte Schnellfahrstrecke Köln–Rhein/Main planmäßig befahren darf und verkehrt daher fast ausschließlich auf Linien, die über diese Strecke geführt werden.

Durch die Aufteilung der Antriebsleistung auf viele Achsen reduziert sich die Haftwertbeanspruchung, durch die gleichmäßigere Verteilung des Gewichts sank die maximale Achslast auf 17 Tonnen. Beide Maßnahmen ermöglichen eine höhere Beschleunigung. Durch die Vielzahl der angetriebenen Achsen sind die Fahrzeuge darüber hinaus weniger anfällig gegen das Durchrutschen einzelner Achsen. Durch das verringerte Gewicht sollte nicht zuletzt

> *die Beanspruchung des Oberbaus minimiert werden. Der Vorteil der Unterflurtechnik ist in der besseren Lärmdämmung der unter dem Fahrgastraum liegenden Aggregate durch Lärmschutzwände zu sehen. Als Nachteil gilt hingegen die fehlende Möglichkeit, die Triebzüge zu trennen sowie die höhere Seitenwindanfälligkeit. Berechnungen in der Frühphase der Entwicklung hatten ergeben, dass bei einem Antrieb der Hälfte der Achsen ein Optimum aus Kraft auf der Schiene, Zahl der Motoren, Gewicht und zurückgewinnbarer Bremsenergie erreicht werden kann. Dieses Konzept ermöglicht Fahrgästen an beiden Zugenden eine freie Sicht auf die Strecke. Von den Lounge-Plätzen kann man, nur durch eine Glasscheibe getrennt, dem Triebfahrzeugführer über die Schulter schauen. Gleichzeitig konnte die Sitzplatzzahl bei gleicher Zuglänge um etwa 15 Prozent erhöht werden.*
>
> *Zur Erprobung des verteilten Antriebs wurde Ende der 1990er Jahre ein angetriebener Mittelwagen in einen als ICE D verkehrenden, regulären ICE eingereiht und der neue Versuchszug ICE S beschafft.*

Stoppen Sie die Uhr.

Ermittlung der Ergebnisse

▸ Dividieren Sie nun die Anzahl der Wörter – in diesem Text waren es 1.360 – durch Ihre Lesezeit.

▸ Beantworten Sie nachfolgende Fragen zum Text. Jede richtige Antwort entspricht 10 Prozent Textverständnis. Tragen Sie beide Werte in der Tabelle auf Seite 126 ein.

Verständnistest 2: Fragen zum Verständnis

1. Wie schnell darf der ICE in Deutschland fahren?
a) 300 km/h
b) 310 km/h
c) 320 km/h
d) 330 km/h

2. Wie viele Züge bestellte die Bahn 1994?
a) 30
b) 50
c) 100
d) 150

3. Welche beiden Züge können leicht verwechselt werden?
a) ICE 1 + ICE 2
b) ICE 2 + ICE T
c) ICE T + ICE D
d) ICE 3 + ICE T

4. Wohin ging die Präsentationsfahrt des ICE 3?
a) Wolfsburg
b) München
c) Berlin
d) Wegberg-Wildenrath

5. Was wurde beim Umbau im Spielabteil entfernt?

a) Schaukelpferd + Modellbahn

b) Spielwand + Spielmotorrad

c) Tafel + Fernseher

d) Spielwand + Schaukelpferd

6. Was brachte am 1. April 2004 einen ICE zum Entgleisen?

a) eine Kuh

b) ein Baustellenfahrzeug

c) ein Traktor

d) ein Baum

7. Welche Strecke befuhr der ICE 518, als er in Köln entgleiste?

a) München – Dortmund

b) Dortmund – München

c) Köln – Dortmund

d) Köln – München

8. Wo ist fast die gesamte elektrische Ausrüstung des ICE 3 untergebracht?

a) vorne im Zug

b) hinten im Zug

c) an der Decke des Fahrgastraums

d) unter dem Fahrgastraum

9. Von wie vielen Motoren werden die Wagen angetrieben?

a) 1

b) 2

c) 3

d) 4

10. Um wie viel Prozent konnte die Zahl der Sitzplätze durch Verteilung des Antriebs auf mehrere Achsen erhöht werden?

a) 5 %

b) 15 %

c) 30 %

d) 50 %

Auflösung

Frage	richtige Antwort	Frage	richtige Antwort
1	d	6	c
2	b	7	a
3	d	8	d
4	d	9	d
5	b	10	b

Visuelle Lesehilfen – pro oder contra?

Eine weitere Angewohnheit bestimmt das Lesen vieler Kinder in der Grundschule: Sie setzen den Zeigefinger ein, um ihre Aufmerksamkeit auf die Wörter zu lenken und um – wenn auch nicht bewusst – ihre Konzentration zu verbessern.

Das Benutzen des Fingers als Lesehilfe wird den Kindern in der Schule nach und nach abtrainiert. Der Grund: Ein tief verwurzeltes Vorurteil besagt, dass Menschen, die den Finger als Lesehilfe benutzen, eine niedrigere Intelligenz hätten. Interessant ist jedoch die Tatsache, dass die meisten Menschen ihren Finger oder einen Stift als Lesehilfe benutzen, wenn sie

- eine Telefonnummer im Telefonbuch suchen,
- etwas im Wörterbuch oder Lexikon nachschlagen;
- ein Wort aus einem Text notieren wollen.

Welchen Nutzen bringt eine Lesehilfe?

Es stellt sich daher die Frage, warum die Verwendung einer Lesehilfe bei Fließtexten so verpönt ist. Schließlich kann man mit einer solchen Unterstützung das Auge optimal steuern. Es ist dabei ein völlig normaler Vorgang, dass das Auge sich automatisch auf die Lesehilfe einstellt. Wird diese in einer Vorwärtsbewegung über den Text gelenkt, geht das Auge automatisch mit, ein Zurückspringen im Text wird verhindert.

Welchen Nutzen bringt eine Lesehilfe?

> **Praxistipp**
>
> Je nach Steuerung der Lesehilfe wird die Anzahl der Fixierungen vermindert und somit die Lesegeschwindigkeit erhöht. Das wirkt sich wiederum positiv auf das Textverständnis aus. Eine visuelle Lesehilfe verhindert also die gravierendsten Lesefehler.

Am effektivsten nutzen Sie die Lesehilfe mit einer optimalen Positionierung. Setzen Sie die Hilfe unter die Zeile und bewegen Sie diese beim Lesen gleichmäßig mit. Achten Sie darauf, dass die Lesehilfe Ihre Augen steuert und nicht umgekehrt. Bewegen Sie die Lesehilfe flüssig und springen Sie nicht ruckartig von Wortgruppe zu Wortgruppe.

> **Praxistipp**
>
> Geeignete visuelle Lesehilfen sind lange, dünne Gegenstände, wie zum Beispiel ein Bleistift oder eine Stricknadel. Diese Gegenstände vermindern nicht die Sicht auf das Blatt. Ihr Finger wiederum ist zu breit und blockiert die Sicht auf den Text.

Auf den folgenden Seiten lernen Sie nun einige Methoden kennen, wie Sie eine visuelle Lesehilfe optimal einsetzen können. Alle Methoden sind ähnlich, eines haben sie jedoch gemeinsam: Sie können besser angewandt werden, wenn Sie den Lesetext in einem Abstand von 30 bis 40 cm vor Ihre Augen halten. Welche Methode für Sie die richtige ist, müssen Sie für sich ausprobieren.

> **Praxistipp**
>
> Üben Sie die verschiedenen Methoden mit extrem hohen Geschwindigkeiten ein, ohne ein Textverständnis anzustreben. Erst danach gehen Sie auf Ihr – jetzt hoffentlich schon schnelleres – Lesetempo zurück. Damit trainieren Sie Ihr Gehirn, damit es sich an noch höhere Geschwindigkeiten gewöhnt.

Die Zwei-Zeilen-Methode

Diese Technik kennen Sie bereits: Sie führen die Lesehilfe unterhalb der Zeile gleichmäßig über den Text. Jetzt allerdings setzen Sie die Hilfe jeweils nur jede zweite Zeile an. Am Ende der Zeile setzen Sie die Lesehilfe ab und gehen schnell zur linken Seite zurück. Sie werden feststellen, dass Sie dennoch den ganzen Text erfassen. Ihr Auge sieht schließlich nicht nur in der vertikalen, sondern auch in der horizontalen Richtung. Noch ein Tipp: Denken Sie an das Notenlesen, da funktioniert diese Technik ganz automatisch.

Mehrere Zeilen auf einen Schlag

Nachdem Sie die Zwei-Zeilen-Methode gut eingeübt haben, versuchen Sie doch einmal, die Lesehilfe nach dem Zurückkehren an den linken Rand einige Zeilen weiter unten anzusetzen. Beginnen Sie mit dem Lesen von drei Zeilen und steigern Sie sich langsam. Gute Leser schaffen acht Zeilen auf einmal.

Warum soll ich schneller lesen?

Im 15. Jahrhundert breitete sich der Buchdruck in Europa aus. Ab sofort konnte sich jeder, der des Lesens mächtig war, Informationen schnell aneignen. Kaum eine andere Erfindung wurde so schnell, so konsequent von der Bevölkerung angenommen. Gleichzeitig begann auch der Drang des Einzelnen, sein Wissen der breiten Bevölkerung weiterzugeben. Der nächste große Boom der Wissens- und Informationsverbreitung folgte mit der Entwicklung des Internets.

Abb.: Mehrere Zeilen auf einen Schlag

Versuchen Sie es doch mal rückwärts

Beim Rückwärtslesen beginnen Sie wie bei der letzten Methode, nur setzen Sie dieses Mal am Ende der Zeile die Lesehilfe nicht ab, um zum linken Rand zurückzukehren. Sie gehen stattdessen am rechten Rand einige Zeilen herunter, um dann lesend zum linken Rand zu kommen. Auch hier gehen Sie wieder einige Zeilen herunter, um lesend zum rechten Rand zu gelangen. Sie lesen also hin und her.

Warum soll ich schneller lesen?

Im 15. Jahrhundert breitete sich der Buchdruck ganz Europa aus. Ab sofort konnte sich jeder, der des Lesens mächtig war, Informationen schnell aneignen. Kaum ein andere Erfindung wurde so schnell, so konsequent von der Bevölkerung angenommen. Gleichzeitig begann auch der Drang des Einzelnen, sein Wissen der breiten Bevölkerung weiterzugeben. Der nächste große Boom der Wissens- und Informationsverbreitung folgte mit der Entwicklung des Internets.

Abb.: Rückwärts lesen

Rückwärtslesen ist leichter als Sie denken. Achten Sie darauf, dass Sie nicht die einzelnen Wörter, sondern Wortgruppen lesen. Bei einer durchschnittlichen Buchbreite fixieren Sie drei Wortgruppen. Diese muss nun Ihr Gehirn in die richtige Reihenfolge bringen.

> *Übung: Rückwärts lesen*
>
> ▸ *„Jeden Morgen lese ich zwei Tageszeitungen."*
>
> *Durch das Bilden der Wortgruppen lesen Sie beim Rückwärtslesen:*
>
> *„zwei Tageszeitungen – lese ich – jeden Morgen"*
>
> ▸ *„Auf meinem Schreibtisch steht ein Foto meiner Familie."*
>
> ▸ *„Nach der Schule machen die Kinder als erstes ihre Hausaufgaben."*

Sie sehen: Unser Gehirn ist durchaus in der Lage, Sätze mit der Rückwärts-Methode richtig zusammenzupuzzeln.

> **Praxistipp**
>
> Denken Sie nur an Schachtelsätze. Hier muss das Gehirn manchmal mehr als eine Zeile am Anfang des Satzes speichern, bis endlich alle Informationen des Satzes gelesen wurden.

Es ist naheliegend, dass sich Ihre Lesegeschwindigkeit mit dieser Methode schon verdoppelt, wenn Sie „nur" zwei Zeilen auf einmal hin und her lesen.

Auf den Punkt gebracht

▸ Nutzen Sie eine visuelle Lesehilfe, um Ihre Augen vorwärts zu steuern. Nehmen Sie nicht Ihren Finger, dieser engt das Blickfeld auf das Papier ein. Besser ist der Einsatz eines langen, dünnen Gegenstandes. Lassen Sie die Lesehilfe immer gleichmäßig über das Blatt gleiten.

▸ Achten Sie darauf, dass die Lesehilfe Ihre Augen steuert, nicht die Augen die Hilfe.

▸ Testen Sie für sich aus, welche der Methoden Ihnen am ehesten liegt. Studieren Sie diese Technik mit sehr hoher Geschwindigkeit ein, bevor Sie auf ein Tempo mit Leseverständnis zurückkehren.

Verständnistest 3: Wie viel haben Sie verstanden?

Jetzt kennen Sie alle Techniken, die Sie benötigen, um ohne Rücksprünge gezielt vorwärts zu lesen. Fassen wir noch einmal zusammen:

▸ Wenn Sie zu langsam lesen, schweifen Ihre Gedanken ab. Sie müssen alles noch einmal lesen, weil Sie nicht alles aufnehmen konnten.

▸ Ihr Gehirn verfügt über so viel Potenzial, dass es – wenn es beim Lesen nicht ausgelastet ist – nebenher an viele andere Situationen denkt.

▸ Nur das schnelle Lesen ohne Rücksprünge erlaubt es Ihnen, sich beim Lesen wirklich nur mit dem Text zu beschäftigen.

Nun ist Zeit für eine erneute Leseübung: Führen Sie den folgenden Test so aus wie die vorherigen. Starten Sie die Stoppuhr und beginnen Sie zu lesen.

Verständnistest 3: Die Eberstadter Tropfsteinhöhle

Die Eberstadter Tropfsteinhöhle ist eine Tropfsteinhöhle nahe dem Dorf Eberstadt, einem Ortsteil von Buchen im Bauland am Übergang zum südöstlichen Odenwald. Die Höhle ist ungefähr 600 Meter lang, liegt 341 Meter über Normalnull und ist etwa ein bis zwei Millionen Jahre alt. Sie wurde im Dezember 1971 bei Sprengarbeiten in einem Muschelkalksteinbruch entdeckt und bis 1973 für den Publikumsverkehr erschlossen. Seither wird sie als Schauhöhle touristisch genutzt und ist eine der Attraktionen des Geo-Naturparks Bergstraße-Odenwald.

Der Höhlengang ist mehrfach abgewinkelt und stellenweise nur 1,5 Meter hoch, besitzt aber auch bis zu 6 Meter hohe Hallen. Er liegt im Unteren Muschelkalk und enthält reichen Tropfsteinschmuck, wie schlanke und kegelförmige Bodentropfsteine, Sinterfahnen, Sinterterassen und Kristalle. Da die Höhle nach der Entdeckung verschlossen wurde und Führungen von Beginn an bei elektrischem Licht stattfanden, sind die Tropfsteine noch überwiegend kalkweiß erhalten, anders als in den meisten älteren deutschen Schauhöhlen, wo die Verwendung von Kerzen- und Fackelbeleuchtung eine Schwärzung der Tropfsteine verursachte. Die Eberstadter Tropfsteinhöhle gilt so als eine der schönsten Schauhöhlen in Deutschland.

Die Höhle befindet sich am Rand der Muschelkalklandschaft des Baulands. Vor rund 240 Millionen Jahren bildete sich an dieser Stelle ein flaches Randmeer; es lagerten sich große Mengen von Muschelschalen ab, die sich verdichteten und den Muschelkalk bildeten. Eine spätere Aufwölbung der Region, bedingt durch die Kontinentaldrift, die seit etwa 100 Millionen Jahren anhält, verursachte eine Schrägstellung der zunächst horizontal gelagerten Gesteinsschichten. Die Muschelkalkschichten sind von harten Bänken, andere Bereiche von weicheren mergeligen oder tonigen Schichten durchzogen. Durch Spannungen bei der Aufwölbung entstanden Risse, und durch Einsickerung kohlensäurehaltigen Wassers bildeten sich Hohlräume im Unteren Muschelkalk. Dieser lässt zwar im Allgemeinen wegen seiner Brüchigkeit kaum größere Hohlräume zu, im Gebiet um Eberstadt ist er jedoch von mehreren, gegen Kalklösung sehr widerstandsfähigen Schichten, den Schaumkalkbänken, durchzogen. Diese sorgten dafür, dass die Hohlräume erhalten blieben. Sie bilden quasi das „tragende Dach" der Höhlen.

Durch das Einsinken der Bäche, vor allem des Gewesterbachs, und das dadurch bedingte Absinken des Grundwasserspiegels wurden die Hohlräume trockengelegt. Mit dem Abfluss des Wassers erweiterte sich das Höhlenprofil durch seitliche Abtragung und in die Tiefe und ergab das für die Höhle typische Schlüssellochprofil. Nach starken Niederschlägen oder der Schneeschmelze kam es im unterirdischen Entwässerungssystem zu Hochwassern. Es bildete sich ein Rückstau und der Grundwasserspiegel stieg um mehrere Meter. Die Höhlenräume standen zeitweise völlig unter Wasser. Höhlenlehm konnte sich dadurch stellenweise bis an die Decke ablagern. Mit der Zeit grub sich der Höhlenbach schluchtartig ein, im oberen trockenen Bereich bildeten sich Tropfsteine. Diese Verkarstungsphase dauert noch an; sie wird verursacht durch den Wechsel verschiedener Eiszeiten, in denen keine Tropfsteinbildung stattfand, mit wärmeren Perioden. Es handelt sich also um eine sogenannte Sekundärhöhle, die erst lange Zeit nach der Gesteinsbildung entstand. Im späteren Höhlenstadium fielen instabile Gesteinspakete von der Höhlendecke und den Wänden und bildeten auf dem Boden Versturzberge. Verstürze entstanden vor allem an Stellen mit Richtungswechseln, wo das Wasser eine stärkere Wirkung ausübte, Höhlenwände untergraben wurden und Teile der Wände an Stabilität verloren. Die Höhlenwände sehen teilweise wie behauen aus, da es sich um Reste der Kluftwände handelt. Durch Korrosion und die Wirkung des abfließenden Wassers wurde die gegenüberliegende Wand abgetragen.

Die Eberstadter Tropfsteinhöhle verläuft beinahe parallel zu zwei benachbarten Höhlen. Der „Hohle Stein" ist auf einer Länge von über 3000 Metern vermessen, aber nicht allgemein zugänglich. Bereits im Jahre 1953 sollte der damals bekannte Bereich als Schauhöhle betrieben werden. Das Vorhaben scheiterte jedoch, da sich die Höhle bei stärkeren Niederschlägen mit Wasser und Lehm füllte, der immer wieder entfernt werden musste.

In der Höhle herrschen über das ganze Jahr nahezu konstante Temperaturen von etwa elf Grad Celsius, bei einer sehr hohen relativen Luftfeuchtigkeit von 95 Prozent. Es treten geringe Temperaturunterschiede von 0,5 bis 1 Grad Celsius zwischen Sommer und Winter auf. Außerhalb der Höhle besteht ein Schwankungsbereich von über 20 Grad Celsius. Die äußeren Lufttemperaturen werden gedämpft auf die Höhlenluft übertragen. Messungen an unterschiedlichen Stellen ergaben, dass das Höhlenklima nicht an allen Stellen gleich ist. So wurden Temperaturunterschiede von 1,4 Grad Celsius festgestellt. Diese Anomalien sind auf das Höhlenprofil mit den zahlreichen Richtungswechseln und Querschnittsverengungen zurückzuführen.

Im Eberstadter Steinbruch wurde am 13. Dezember 1971 bei der Vorbereitung einer Sprengung ein größerer Hohlraum angebohrt. Nachdem ein Teil des abgesprengten Materials beiseite geräumt worden war, zeigte sich an der von Ost nach West verlaufenden frischen Steinbruchwand in etwa acht Meter Höhe über der Steinbruchsohle und etwa zehn Meter unterhalb des oberen Geländeniveaus eine ungefähr zwei Meter breite und ein Meter hohe Höhlenöffnung. Den Boden der Höhle bedeckte eine Lehmschicht von etwa einem bis eineinhalb Meter Stärke. Das Wasser stand 10 bis 15 Zentimeter über lehmig-weichem Grund. Die Begehung war deshalb anfangs mühselig. Die schwierigste Passage war beim Vesuv, wo eine Felsstufe mit einer Strickleiter, später mit Holzleitern, überwunden werden musste.

Knapp zwei Jahre nach der Entdeckung der Höhle wurde sie am 9. September 1973 zur Besichtigung freigegeben. Für das Dorf war es ein großes, drei Tage dauerndes Fest. Am Eröffnungstag besichtigten 3400 Besucher die Höhle. Anwesend waren auch hochgestellte Gäste, wie Regierungspräsident Dr. Munzinger, zugleich Vertreter der Landesregierung. Landrat Geisert öffnete das Höhlentor. An den darauffolgenden Sonntagen kamen jeweils über 4000 Besucher. Noch vor Ablauf des ersten Jahres konnte der 250.000. Besucher geehrt werden. Die Schauhöhle wurde 1973 vom Verband der Deutschen Höhlen- und Karstforscher, der alle deutschen Schauhöhlen erfasst, als siebenunddreißigste registriert.

> *In den Jahren 2004 bis 2008 lag die durchschnittliche Besucherzahl bei 62.729. Mit diesem Wert liegt die Schauhöhle im oberen Bereich der Schauhöhlen in Deutschland. Von den etwa 30 Schauhöhlen Süddeutschlands wird die Eberstadter Höhle nur von der Teufelshöhle bei Pottenstein (jährlich 167.000 Besucher) und der Bärenhöhle (jährlich 105.000 Besucher) übertroffen. Im Jahre 2008 waren 59.326 Besucher in der Höhle. Davon waren 2,3 Prozent Schwerbehinderte – ein für Schauhöhlen hoher Wert. Seit der Eröffnung der Höhle besuchten bis Jahresende 2008 3,59 Millionen Personen die Höhle.*

Stoppen Sie die Uhr.

Ermittlung der Ergebnisse

▸ Dividieren Sie nun die Anzahl der Wörter – in diesem Text waren es 967 – durch Ihre Lesezeit.

▸ Beantworten Sie nachfolgende Fragen zum Text. Jede richtige Antwort entspricht 10 Prozent Textverständnis. Tragen Sie beide Werte in die Tabelle auf Seite 126 ein.

Verständnistest 3: Fragen zum Verständnis

1. Von welchem Ort ist Eberstadt ein Ortsteil?

a) Michelstadt

b) Buchen

c) Hirschhorn

d) Egelsbach

2. Die Eberstadter Tropfsteinhöhle ist eine Attraktion

a) des Geo-Naturparks Bergstraße/Odenwald.

b) des Touristikvereins Bergstraße.

c) der Vereinigung Schauhöhlen.

d) nichts von alledem

3. Was ist das besondere Merkmal an den Tropfsteinen der Eberstadter Tropfsteinhöhle?

a) Sie sind noch überwiegend kalkweiß erhalten.

b) Sie sind im Durchschnitt wesentlich länger als bei anderen Tropfsteinhöhlen.

c) Sie bestehen nicht aus Kalk.

d) nichts von alledem

4. Warum sind die Tropfsteine kalkweiß erhalten?

a) Die Eberstadter Tropfsteinhöhle verfügt über ein natürliches Belüftungssystem.

b) Sponsoren ermöglichen regelmäßige Sanierungsarbeiten.

c) Sie sind von den Besuchern durch häufiges Anfassen glatt und weiß erhalten.

d) Die Höhle wird nur mit elektrischem Licht beleuchtet.

5. Durch das Absinken welches Baches sind die Hohlräume trockengelegt?

a) Buchenbach

b) Schlierbach

c) Gewesterbach

d) keiner der Genannten

6. Was bilden herunterfallende Gesteinspakete?

a) Versturzberge

b) Risse im Kalkboden

c) Tropfsteintrümmer

d) neue Höhlengänge

7. Wie hoch ist die Temperatur in der Eberstadter Tropfsteinhöhle?

a) 8°C

b) 10°C

c) 11°C

d) 12°C

8. Wie hoch war 2008 der Eintrittspreis für einen Höhlenrundgang?

a) 3,50 Euro

b) 6,00 Euro

c) 7,50 Euro

d) im Text nicht erwähnt

9. Welche Passage der Höhle wird im Text erwähnt?

a) Vesuv

b) Ätna

c) Vogelsberg

d) Venus

10. Wie hoch liegt die durchschnittliche Besucherzahl pro Jahr?

a) 60.000 – 65.000

b) 70.000 – 75.000

c) 80.000 – 85.000

d) 90.000 – 100.000

Auflösung

Frage	richtige Antwort	Frage	richtige Antwort
1	b	6	a
2	a	7	c
3	a	8	d
4	d	9	a
5	d	10	a

Mit diesen Techniken lesen Sie noch schneller

Die speziellen Lesehilfetechniken, die Sie in diesem Kapitel kennen lernen werden, sind eine Verbindung aus dem Einsatz einer Lesehilfe sowie dem Einsatz des eigenen Fingers. Das heißt: Sie nutzen weiterhin die Lesehilfe wie beschrieben. Zusätzlich unterstützen Sie Ihre Augen mit dem Einsatz eines Fingers der anderen Hand. So kann die Geschwindigkeit, in welcher Sie die Lesehilfe einsetzen, erhöht werden. Das gleichzeitige Mitfahren des Fingers unterstützt die Lesehilfe als Tempogeber.

Was zählt, ist der erste Überblick

Sie können einen Text noch schneller lesen, wenn Sie sich zuvor einen ersten Überblick über das zu Lesende machen. Beim Lesen eines Romans macht dies nicht viel Sinn, bei Fachtexten umso mehr.

> **Praxistipp**
>
> Ein schneller Leser benötigt für das Lesen einer durchschnittlichen Seite ungefähr 30 Sekunden. Für den ersten Überblick reichen aber zehn Sekunden vollkommen aus. Nehmen Sie sich diese zehn Sekunden. Durch den gewonnenen Überblick sparen Sie diese beim eigentlichen Lesen wieder ein.

Ihr Zeigefinger als Lesehilfe

Lassen Sie Ihren Finger in gleichmäßigem Tempo am linken oder rechten Rand der Seite heruntergleiten, während Sie mit der Lesehilfe gleichzeitig eine der folgenden Methoden anwenden.

Auch hier ist es wieder sinnvoll, erst einmal alle Methoden durchzuprobieren, bevor Sie sich anschließend für eine oder zwei entscheiden. Sie müssen selbst ein Gefühl dafür bekommen, welche Methode Ihnen am besten liegt.

> **Achtung**
> Natürlich kann es sein, dass Sie eine Zeitung lieber mit dieser, eine wissenschaftliche Abhandlung in Buchform eher mit einer anderen Methode lesen werden. Dennoch ist es empfehlenswert, nicht zu viele Methoden anzuwenden, damit Ihr Gehirn sich optimal auf Ihr neues Lesen einstellen kann.

Mit Schlangenlinien zu einem besseren Überblick

Die Kurventechnik ähnelt dem Hin- und Herlesen. Der Unterschied besteht lediglich darin, dass Sie am Rand nicht im spitzen Winkel zurückgehen, sondern hier mit der Lesehilfe eine Kurve zeichnen, die durchaus über bis zu acht Zeilen gehen kann. Von da an lesen Sie wieder rückwärts, kurven erneut usw. Die Kurventechnik berücksichtigt abwechselnd größere Passagen am linken und rechten Rand. Die Mitte wird weniger fokussiert.

Die Zwei-Seiten-Methode für längere Fließtexte

Auf der einen Seite gehen Sie in gleichmäßigem Tempo mit Ihrem Finger hinunter, während Sie die Lesehilfe parallel hierzu auf der anderen Seite am Text herunterziehen. Ihre Augen wiederum „saugen" den Text im Ganzen auf.

Für einen schnellen Überblick ist diese Methode optimal, allerdings werden hier Ihre Augen am wenigsten geführt, was das Konzentrieren auf den Text erheblich erschwert. Diese Technik ist insbesondere für einen Überblick von längeren Fließtexten gedacht.

Warum soll ich schneller lesen?

Im 15. Jahrhundert breitete sich der Buchdruck in ganz Europa aus. Ab sofort konnte sich jeder, der des Lesens mächtig war, Informationen schnell aneignen. Kaum eine andere Erfindung wurde so schnell, so konsequent von der Bevölkerung angenommen. Gleichzeitig begann auch der Drang des Einzelnen, sein Wissen der breiten Bevölkerung weiterzugeben. Der nächste große Boom der Wissens- und Informationsverbreitung folgte mit der Entwicklung des Internets.

Abb.: Die Zwei-Seiten-Technik für längere Fließtexte

Die Wellentechnik – die effektivste Methode

Bei dieser Methode folgen Sie mit Ihrer Lesehilfe wellenförmig einem nicht enden wollenden S in der Mitte des Blattes. Diese Methode ist die effektivste, da Sie alle Techniken optimal ausnutzt: Sie kombiniert das Vorwärts- und Rückwärtslesen. Der Blickwinkel Ihrer Augen wird in alle Richtungen ausgenutzt. Mit einem Blick erfassen Sie etwas mehr als die Hälfte jeder Zeile.

Warum soll ich schneller lesen?

Im 15. Jahrhundert breitete sich der Buchdruck in ganz Europa aus. Ab sofort konnte sich jeder, der des Lesens mächtig war, Informationen schnell aneignen. Kaum eine andere Erfindung wurde so schnell, so konsequent von der Bevölkerung angenommen. Gleichzeitig begann auch der Drang des Einzelnen, sein Wissen der breiten Bevölkerung weiterzugeben. Der nächste große Boom der Wissens- und Informationsverbreitung kam mit der Entwicklung des Internets.

Abb.: Lesen mit einer Wellenbewegung

Auf den Punkt gebracht

Für den ersten Überblick reicht ein Drittel der eigentlichen Schnelllesezeit aus. Entscheiden Sie sich für eine oder zwei Methoden, mehrere verhindern das optimale Einstellen Ihres Gehirns. Insbesondere die Wellentechnik lohnt sich, da sie alle Vorteile des Schnelllesens optimal nutzt.

Texte überfliegen

Auch wenn Sie Ihre Lesegeschwindigkeit zu diesem Zeitpunkt schon verdoppelt oder gar verdreifacht haben, ist es sinnvoll, sich vorab zu überlegen, wie – also mit welcher Methode – Sie welche Texte lesen sollten.

> **Achtung**
>
> Es ist wichtig, möglichst viele Informationen mit möglichst wenig Aufwand erfassen zu können. Genauso wichtig ist es aber, dass Sie die passenden Lesetechniken auf die richtigen Texte anwenden.

Bedenken Sie: Nicht bei allen E-Mails, Berichten, Listen und dergleichen ist es sinnvoll, diese Wort für Wort zu lesen – selbst dann nicht, wenn Sie Wortgruppen bilden. Das würde bedeuten, ein Telefonbuch zu lesen, nur um eine Nummer herauszusuchen. Verschaffen Sie sich daher einen Überblick über den Lesestoff, bevor Sie beginnen zu lesen.

Textstellen intelligent auslassen

Bevor Sie beginnen, einen Text zu lesen, konzentrieren Sie sich einige Augenblicke auf all das, was Sie zu dem Thema des Lesestoffes bereits wissen. Sobald Sie im Text auf Passagen stoßen, die dieses Wissen behandeln, erkennen Sie allein schon beim Überfliegen, ob Sie Neues entdecken oder ob Sie diese Textstellen außer Acht lassen können.

Noch effizienter ist, wenn Sie sich aufgrund dessen, was Sie zu diesem Thema bereits wissen, vorab fragen, wie viel Sie von dem Text verstehen müssen, was Sie von dem Text erwarten. Fragen Sie sich bewusst:

- Lohnt es sich, diesen Text zu lesen?
- Kann mir der Text Antworten auf das geben, was ich gerade wissen möchte?
- Was genau möchte ich in diesem Text erfahren?

Nachdem Sie diese Fragen für sich selbst beantwortet haben, werden Sie feststellen, wie viel Text Sie überhaupt nicht lesen müssen.

> **Praxistipp**
> Durch intelligentes Weglassen lesen Sie effizienter. Quälen Sie sich nicht stundenlang durch Texte, bei denen Sie im Nachhinein feststellen müssen, dass Sie ihnen nichts gebracht haben. Halten Sie sich stets die wachsende Informationsflut vor Augen.

Es ist keinem geholfen, wenn Sie sich mit Texten aufhalten, die nicht zum Ziel führen, gleichzeitig aber der Stapel der noch zu lesenden Lektüre immer größer wird. Die Chance, aus Zeitmangel eine wichtige Information nicht mitzubekommen, ist viel zu groß.

> **Praxistipp**
> Vergeuden Sie daher keine Zeit, indem Sie gewünschte Informationen an den falschen Stellen suchen.

Auf den Punkt gebracht

- Verschaffen Sie sich vorab einen Überblick über den zu lesenden Text.
- Stellen Sie sich vorab Fragen zum Text.
- Lassen Sie intelligent Textstellen aus.

Üben, Üben, Üben

Augenübungen sind für das schnelle Lesen wichtig, da sie auf eine Veränderung des Sehverhaltens abzielen. Durch mehr Augen- und Blickbewegungen erhält das Sehzentrum im Gehirn mehr Informationsmaterial zur Verarbeitung, was einen größeren Lesefokus und damit eine schnellere Geschwindigkeit mit sich bringt.

Bei den folgenden Übungen finden Sie in jeder Zeile Zahlen vor. Die erste Zahl der Zeile wird irgendwo in dieser Zeile ein- oder mehrmals wiederholt. Streichen Sie die doppelte Zahl jeweils mit einem Bleistift an.

> **Achtung**
>
> Es kann aber auch sein, dass sich die Zahl in der Zeile nicht wiederholt. Sie werden feststellen, dass Sie in diesem Fall eher zum Zurückspringen neigen. Achten Sie bei dieser Übung bewusst auf alle Regeln des Schnelllesens:
>
> - Springen Sie nicht zurück.
> - Lesen Sie nicht mental mit.
> - Wiederholen Sie die Übung mehrfach. Steigern Sie dabei die Lesegeschwindigkeit.

Auch bei dieser Übung gilt wieder: Stoppen Sie die Zeit. Denn nur unter Zeitdruck trainieren Sie das Überfliegen richtig.

Übung: Auch Überfliegen will geübt sein (Teil 1)

67 79 67 44 27 29 88
95 88 95 44 42 66 44
28 93 74 28 57 29 39
96 68 44 37 96 62 51
59 66 33 75 39 59 92
42 24 42 77 55 39 92
28 28 52 68 34 28 48
45 76 87 45 32 85 40
19 87 65 19 23 47 57
36 86 83 59 37 63 27
87 28 26 43 66 78 66
43 65 41 43 94 87 94
38 28 56 27 73 92 27
50 61 95 36 43 67 95
91 58 38 74 32 65 58
47 27 33 67 51 27 27
39 84 31 44 86 75 44
56 46 22 18 64 86 18
26 62 36 58 82 85 35
65 77 65 42 25 27 87
26 91 72 26 55 27 37
43 74 85 43 30 83 38
94 66 42 35 94 60 59
50 60 50 70 50 05 05
43 74 85 43 30 83 38
63 87 67 56 67 89 56

Übung: Auch Überfliegen will geübt sein (Teil 2)

239 282 438 236 875 672 672
848 743 764 237 848 265 782
665 638 848 636 426 852 665
965 198 576 865 576 578 965
509 509 642 117 271 872 509
276 276 578 623 438 228 276
063 036 033 066 036 063 063
569 875 675 568 675 891 569
276 276 236 843 281 239 662
456 791 236 251 456 745 321
847 764 637 847 637 425 852
380 674 839 380 738 893 812
821 543 821 653 265 387 418
965 198 567 865 576 578 965
236 237 636 865 117 623 066
438 764 438 236 236 821 567
672 782 265 672 848 875 236
230 287 394 230 230 969 961
879 789 789 987 878 879 879
111 777 112 634 439 111 112
569 906 239 902 326 647 569
746 636 426 844 764 746 426
494 433 444 481 494 494 949
636 734 643 636 636 939 639
221 211 122 221 222 121 212
539 304 340 382 582 463 087

Schnelllesen sollte so oft wie möglich trainiert werden. Hierbei sind Sie nicht an die Übungen in diesem Buch gebunden. Nehmen Sie sich zum Beispiel einen „leichten" Roman zum Üben zur Hand. Mit diesem Roman absolvieren Sie möglichst oft eine der folgenden Übungen.

> *Übung: Textmenge bleibt gleich*
>
> *Lesen Sie in Ihrem Übungsroman drei Minuten mit einer Lesehilfe. Sobald die drei Minuten um sind, markieren Sie die Stelle, an der Sie gerade sind.*
>
> *Gehen Sie nun zum Anfang zurück und lesen denselben Text noch einmal. Dieses Mal sollten Sie an der zuvor markierten Stelle bereits nach zwei Minuten sein. Ist dies nicht der Fall, wiederholen Sie diesen Teil der Übung.*
>
> *Nun gehen Sie noch einmal zum Anfang zurück und versuchen, dieses Mal innerhalb einer Minute zu der anfangs markierten Stelle zu gelangen.*

Bedenken Sie: Nur wenn Sie sich anstrengen müssen, fordern Sie Ihr Gehirn so heraus, dass es sich an die neue Lesegeschwindigkeit gewöhnen kann.

Die folgende Übung ist ähnlich, sie unterscheidet sich von der letzten jedoch dadurch, dass dieses Mal nicht die Textmenge, sondern die Zeit gleich bleibt.

> **Praxistipp**
>
> Denken Sie immer an das Ziel: Sie wollen erreichen, dass Sie bei gleicher Zeit immer längere Texte lesen können.

Übung: Die Zeit bleibt gleich

Lesen Sie in Ihrem Übungsroman zwei Minuten lang in einer Geschwindigkeit, bei der Sie ein möglichst hohes Textverständnis haben. Diese Stelle markieren Sie.

Für den zweiten Lesedurchgang verdoppeln Sie die Textmenge und versuchen nun diese, in den zwei Minuten zu lesen. Klappt dies nicht auf Anhieb, versuchen Sie es noch einmal.

Im dritten Durchgang nehmen Sie noch einmal dieselbe Textmenge wie im ersten Durchgang hinzu. Auf diese Weise verlassen Sie nach und nach Ihre bisherige Lesegeschwindigkeit und zwingen Ihr Gehirn, sich an eine noch höhere anzupassen.

Bei der nächsten Übung setzen Sie sich in Ihrem Trainingsbuch einen Zielpunkt, der anfangs noch in utopischer Ferne liegen sollte. Versuchen Sie, dieses Ziel mit sehr schnellem Lesen zu erreichen. Anfangs ist dies kaum möglich, da ein Textverständnis kaum vorhanden sein wird. Wenn Sie diese Übung jedoch öfter wiederholen, gewöhnen Sie Ihr Gehirn nach und nach an das schnelle Tempo.

Übung: Tempo – Tempo – Tempo

Überschlagen Sie in Ihrem Buch etwa 5.000 Wörter. Nun lesen Sie bis zu dieser Markierung innerhalb von fünf Minuten. Das entspricht 1.000 WpM. Achtung: Bei dieser Übung geht es nicht um das Textverständnis. Vielmehr soll hier erreicht werden, Ihr Gehirn auf Dauer an eine sehr hohe Lesegeschwindigkeit zu gewöhnen. Es ist sinnvoll, gerade diese Übung immer wieder durchzuführen. Verzagen Sie nicht, wenn es anfangs überhaupt nicht zu klappen scheint.

Paragraphing – das Absatzlesen

Eine weitere Technik macht sich die Anordnung der einzelnen Absätze in den Publikationen zu nutze. Die wichtigsten Informationen sind nämlich fast immer im ersten, höchsten in den ersten beiden Absätzen untergebracht. In den weiteren Absätzen folgen Details, die nur dann für Sie als Leser wichtig werden, wenn Sie das Gefühl haben, in diesem Text die Antworten auf Ihre vorab gestellten Fragen zum Text zu finden.

> **Praxistipp**
> Sie werden merken, wie viel Zeit Sie einsparen, wenn Sie sich vorab Fragen zum Text zu stellen.

Wichtig ist dann wieder der letzte Absatz des Textes. Hier werden noch einmal Ergebnisse oder Schlussfolgerungen des Textes zusammengefasst.

> **Praxistipp**
> Um einen Text zu überfliegen, reicht es für den ersten Schritt aus, den ersten und letzten Absatz zu lesen.

Leider funktioniert diese Technik nicht immer, da manche Texte nicht strukturiert genug aufgebaut sind. Verlassen Sie sich daher nicht immer grundsätzlich darauf, dass am Anfang und am Ende des Textes die wichtigsten Informationen stehen.

Dennoch können Sie auch hier das Absatzlesen anwenden.

▸ Lesen Sie den ersten und den zweiten Absatz.

▸ Springen Sie nicht gleich zum letzten Absatz, sondern verschaffen Sie sich einen kurzen Überblick über jeden einzelnen Absatz dazwischen.

▸ Achten Sie darauf, dass Sie die Absätze beim Überfliegen verbinden. Das gelingt am besten, wenn Sie die letzte Zeile des vorhergehenden Absatzes mitlesen.

Auf jeden Fall ist das Absatzlesen eine interessante Taktik, um sich schnell einen gründlichen Überblick über einen Text zu verschaffen. Die Methode empfiehlt sich besonders vor dem Kauf von teuren Fachbüchern. Nehmen Sie sich in der Buchhandlung ein paar Minuten Zeit für das Absatzlesen. Auch bei dickeren Büchern hält sich dieser Zeitrahmen in Grenzen und bewahrt Sie vielleicht vor einem Fehlkauf.

Auf den Punkt gebracht

▸ Paragraphing, auf deutsch „Absatzlesen", verschafft Ihnen einen schnellen und gründlichen Überblick über die Publikation.

▸ In strukturierten Texten reicht oftmals das Lesen des ersten und letzten Absatzes. In weniger strukturierten Texten beziehen Sie die anderen Absätze kurz mit ein.

▸ Das Absatzlesen kann Sie vor dem (Fehl-)Kauf von teuren Fachbüchern bewahren.

Scanning – das Filtern

Die Filtertechnik, das sogenannte Scanning, können Sie anwenden, wenn die Textmenge sehr reichhaltig ist, Sie aber nur bestimmte Informationen suchen. Die Vorgehensweise hat nicht mehr wirklich etwas mit Lesen zu tun. Vielmehr überfliegen Sie einen Text so schnell, dass Sie gerade noch in der Lage sind, nach Schlüsselwörtern oder Zahlen Ausschau zu halten.

> **Praxistipp**
>
> Suchen Sie nur einzelne Begriffe oder Zahlen oder die Antwort auf eine einzelne Frage – scannen Sie.

Bekommen Sie kein schlechtes Gewissen, weil Sie hierbei sehr viel Text auslassen. Gleich, wie viel Textstellen Sie überspringen, Sie werden dennoch mehr lesen, als wenn Sie sich den Text überhaupt nicht vorgenommen hätten. Sind Sie auf der Suche nach einer bestimmten Information, finden Sie diese aufgrund der bisher gelernten Techniken ohne Probleme, obwohl Sie lange Passagen übersprungen haben. Sind Sie auf der Suche nach einer Antwort auf eine bestimmte Frage, sollten Sie sich vorab gezielte Schlüsselwörter merken oder notieren. Diese scannen Sie, indem Sie Seite für Seite großflächig betrachten.

> **Achtung**
>
> Lesen Sie auf keinen Fall Zeile für Zeile. Sie werden sehen, dass Ihnen die Schlüsselwörter beim großflächigen Betrachten wie von selbst in die Augen springen.

Der Katalogeffekt

Übrigens: Das großflächige Filtern eines Textes kennen Sie bereits vom Durchblättern von Katalogen, Prospekten usw. Sie werden nicht bei den Haushaltsgeräten suchen, wenn Sie sich eine Hose bestellen möchten.

Aber auch auf Ihren Berufsalltag kann sich das Scannen positiv auswirken. In Zukunft müssen Sie nicht mehr jede einzelne E-Mail oder jeden Newsletter lesen, um nach einigen Zeilen frustriert festzustellen, dass der Inhalt Sie gar nicht betrifft.

Überlegen Sie sich vor dem Lesen ein Schlüsselwort:

- Was könnte der Absender wollen?
- Spricht mich schon der Betreff an?
- Bei Newslettern: Könnte ich von dem Thema direkt betroffen sein?

Überfliegen Sie den Text nach dem Schlüsselwort. Kommt es nicht vor, können Sie sich wieder dem Rest der Informationsflut auf Ihrem Schreibtisch zuwenden.

> **Praxistipp**
>
> Bevor Sie einen Text zu lesen beginnen, stellen Sie sich Fragen zu dessen Inhalt. Überlegen Sie sich, welche Antworten auf diese Fragen im Text vorkommen könnten. Diese Antworten sind Schlüsselwörter, nach denen Sie im Text suchen. Auf diese Weise können Sie sehr viele Textstellen scannen. Die Zeitersparnis ist enorm.

Mehr Textverständnis durch Stichwörter

Vergleichende Studien haben gezeigt, dass das Textverständnis wesentlich höher liegt, wenn Sie vorher Schlüsselwörter im Kopf haben. In einer dieser Untersuchungen wurden zwei Gruppen gebeten, einen Text zu lesen. Die Mitglieder einer Gruppe erhielten vor dem Lesen Fragen, deren Antworten sie aus dem Text herausfinden sollten.

Anschließend wurden aber beiden Gruppen dieselben Fragen gestellt – und zwar Fragen, die sich auf den ganzen Text bezogen. Es stellte sich heraus, dass die Gruppe, die eigentlich nur nach bestimmten Textpassagen Ausschau halten musste, ein wesentlich höheres Textverständnis hatte, als die Gruppe, die den ganzen Text gelesen hatte.

Das Fazit: Das Lesen war durch die gelenkte Konzentration auf einen Punkt aktiver und damit effizienter.

> *Übung: Lesen mit Schlüsselwörtern*
>
> *Die Technik des Scannens können Sie jeden Morgen mit Ihrer Tageszeitung üben. Nehmen Sie sich einen Artikel vor, der Sie nicht interessiert - einen Artikel, bei dem Sie sonst nur die Überschrift gelesen hätten. Stellen Sie sich zu dieser Überschrift eine Frage. Nun scannen Sie den Text, um eine Antwort zu dieser Frage zu finden. Sie werden feststellen, dass Sie den Artikel nunmehr mit Interesse lesen.*

Zu Beginn ist es ratsam, diese Übung bei Zeitungen anzuwenden, deren Layout aus engen Spalten besteht. Mit ein wenig Übung gelingt Ihnen diese Technik dann auch bei einspaltigen Texten, und zwar ohne vorab Hilfslinien eingezeichnet zu haben.

Auf den Punkt gebracht

▸ Das Scannen bzw. Filtern wird angewendet, wenn nur bestimmte Begriffe oder Zahlen im Text gesucht werden. Es verhindert das Lesen von unnützen Texten. Sie kennen das Scannen bereits vom Durchblättern eines Kataloges.

▸ Das Scannen muss großflächig erfolgen. Filtern Sie den Text dabei nach Schlüsselwörtern.

▸ Scannen erhöht die Konzentration auf den gesamten Text.

Quer- oder diagonal, Hauptsache schnell

Die wohl bekannteste Form des Textüberfliegens ist das sogenannte Querlesen, oft auch als diagonales Lesen bezeichnet. Hierbei lesen Sie Seite für Seite, aber sehr zügig.

Das Querlesen funktioniert am besten, wenn das Auge von links oben nach rechts unten über die Seite streicht. Sie können das Querlesen unterstützen, indem Sie Ihre ganze Handfläche auf die Seite legen und nur oben links eine Lücke freilassen. In gleichmäßigem Tempo ziehen Sie nun Ihre Hand in Richtung der unteren rechten Ecke.

> **Praxistipp**
> Die dabei entstehende Diagonale verfolgt die zwei Hauptrichtungen des Textes: von oben nach unten sowie von links nach rechts.

Auch beim Querlesen hilft Ihnen die Suche nach Schlüsselwörtern, die Sie vor dem Lesen bestimmen. Haben Sie ein Schlüsselwort entdeckt, suchen Sie kurz die Umgebung des Begriffes nach relevanten Informationen ab und merken sich eventuell neue Schlüsselwörter, nach denen Sie im nächsten oder auch im gleichen Text suchen können.

> **Auf den Punkt gebracht**
>
> ▸ Querlesen wird auch als diagonales Lesen bezeichnet.
>
> ▸ Sie lesen von oben links nach unten rechts.
>
> ▸ Sie halten Ausschau nach Schlüsselwörtern auf einer Diagonalen.

Sinnerfassendes Lesen – Skimming

Beim Skimming lesen Sie Zeile für Zeile in extrem hohem Tempo. Achten Sie dabei ausschließlich auf die Wortgruppen. Nur der Inhalt des Textes ist wichtig. Alle Details werden beim Skimming ausgelassen.

> **Achtung**
>
> Skimming funktioniert nur, wenn Sie wirklich Zeile für Zeile lesen. Versuchen Sie auf keinen Fall, bewusst den Sinn des Textes zu erfassen. Wenn Sie die Technik richtig anwenden, wendet sich der Autor an Sie. Sie bleiben bei einem extrem hohen Lesetempo und springen von Wortgruppe zu Wortgruppe.

> *Übung: Skimmen nach Gehirnhälften*
>
> *Unser Gehirn besteht aus zwei Hälften. Die linke Hälfte ist der Sitz der Sprache, der Vernunft sowie des rationalen und logischen Denkens. Ähnlich wie in der Mathematik geht die linke Gehirnhälfte ein Problem Schritt für Schritt an. Auch ist diese Hälfte des Gehirns für abstrakte Begriffe, die wir uns nicht bildlich vorstellen können, zuständig.*

Haben Sie Zeile für Zeile geskimmt? Dann sind Ihnen die Worte „Hälfte" und „Gehirnhälfte" regelrecht ins Auge gesprungen, ohne dass Sie sich bemüht haben, den Sinn des Textes zu verstehen.

Die Technik eignet sich insbesondere für den Lesestoff, der sich schon seit einiger Zeit auf Ihrem Schreibtisch stapelt – zum Beispiel Fachzeitschriften, Einladungen oder Werbemailings. Dass Sie diesen Lesestoff mit Muse lesen können, wird wahrscheinlich selten passieren. Bevor Sie ihn aber sofort zum Altpapier befördern, erfassen Sie den Sinn – durch Skimming.

Auf den Punkt gebracht

▸ Skimming ist das zeilenweise Lesen mit einem extrem hohen Tempo. Sie konzentrieren sich ausschließlich auf die wichtigsten Inhalte. Details und Abschweifungen bleiben unberücksichtigt.

▸ Skimming eignet sich besonders für den Lesestoff auf Ihrem Schreibtisch, der zwar gelesen werden will, aber nicht unbedingt wichtig ist.

PhotoReading – Das mentale Lesen

Nicht vorenthalten möchte ich Ihnen einen kurzen Ausblick auf das sogenannte PhotoReading, mit welchem Lesegeschwindigkeiten von etwa 30.000 Wörtern pro Minute möglich sind. PhotoReading hat jedoch nichts mit dem herkömmlichen Lesen – auch nichts mit dem schnellen Lesen – gemein.

Achtung
PhotoReading zählt zu den mentalen Lesemethoden und umfasst Techniken, die unsere rechte Gehirnhälfte bevorzugt benutzen.

Beim PhotoReading nutzen Sie eine besondere Blicktechnik in Kombination mit einem speziellen Entspannungszustand, in dem Sie bis 30.000 Wörter pro Minute aufnehmen und auf der „Festplatte" der rechten Gehirnhälfte ablegen. In einer Verarbeitungsphase am folgenden Tag schlagen Sie eine Brücke von Ihrem bewussten Verstand zu den abgelegten Informationen.

Auf den Punkt gebracht

▸ PhotoReading ist mentales Lesen. Es hat nichts mit den üblichen Lese- oder Schnelllesetechniken gemein.

▸ Mit PhotoReading legen Sie Informationen in der rechten Gehirnhälfte ab, die Sie am folgenden Tag wieder aufrufen.

Wie liest man was am besten?

Sowohl im beruflichen als auch im privaten Alltag haben Sie verschiedene Arten von Lesestoff zu bewältigen. Diese lassen sich in drei Kategorien einteilen:

- Zeitungen und Zeitschriften,
- Lesen am Bildschirm (Computer),
- Fachbücher.

Gedruckte Reportagen und Ähnliches sind hier nicht gesondert aufgelistet, da Sie diese mit den Lesetechniken ohne zusätzliche Hinweise bewältigen können.

Im ersten Schritt sollten Sie versuchen, den richtigen Zugang zu dem Lesestoff zu finden. Dies bedeutet, dass Sie nicht alle Texte auf die gleiche Art und Weise lesen können, da sie in ihrem Aufbau völlig verschieden sind. Verschaffen Sie sich also vorab einen Überblick über das zu lesende Material.

Bei Zeitungen und Zeitschriften reicht hier zum Beispiel ein erstes Durchblättern, um an den Überschriften, Fotos und Bildunterschriften zu erkennen, welche Artikel für Sie interessant sind. Texte am Computer, wie zum Beispiel E-Mails, sind oftmals ohne Layout, ohne Inhaltsangabe. Sich hier einen ersten Überblick zu verschaffen, ist häufig nicht so leicht wie bei Zeitungen. Fachbücher wiederum verfügen über ein ausführliches Inhaltsverzeichnis oder einen Index.

Schon diese großen Unterschiede bei den Kategorien zeigen, dass es sinnvoll ist, die einzelnen Kategorien unterschiedlich zu lesen.

Zeitungen und Zeitschriften

Wäre es nicht hilfreich, jeden Morgen vor dem Verlassen des Hauses, eine Tageszeitung zu lesen, um einen Überblick über die wichtigsten Nachrichten zu haben? Meist reicht die Zeit aber nur für die Überschriften. Das muss nicht sein. Da aber gerade am Morgen die Zeit drängt, ist hier eine Organisation vor dem Lesen unabdingbar.

- Im ersten Schritt sollten Sie die Zeitung durchblättern und dabei die Seiten überfliegen. Hierbei wählen Sie die Artikel aus, die Sie wirklich lesen möchten.
- Zu jedem Artikel stellen Sie sich die Frage, was Sie von dem Beitrag erwarten.
- Jetzt erst beginnen Sie mit dem Lesen.

> **Praxistipp**
> Zeitungen sind meist in Spalten aufgeteilt, die Sie mit einem Sprung erfassen können.

- Gerade bei meist einspaltigen Tageszeitungen empfiehlt es sich, die Lesehilfe in der Mitte der Spalte von oben nach unten zu ziehen, evtl. unterstützt vom Daumen, der parallel am Rande der Spalte entlanggleitet (sogenannte Zwei-Seiten-Technik – mehr dazu auf Seite 88).

Bei Zeitschriften verfahren Sie genauso. Hier haben Sie noch den Vorteil, dass Sie vor dem Lesen des Artikels die Fotos und deren Bildunterschriften studieren können. Diese Informationen dienen als Schlüsselwörter, was wiederum das Schnelllesen fördert.

> **Achtung**
>
> Nach dem vorherigen Organisieren bleibt oftmals nur ein Prozent an Informationen aus einer Zeitung oder Zeitschrift hängen. Stellen Sie sich mal vor, Sie hätten wegen diesem einen Prozent die komplette Ausgabe gelesen.

Lesen am Computerbildschirm

In der heutigen Zeit wird das Lesen am Computer immer umfangreicher. Nicht nur die Flut an E-Mails ist hier ausschlaggebend. Denken Sie nur an Newsletter, Online-Zeitungen, Blogs, Communities und dergleichen. Auch das Korrekturlesen wird immer häufiger am Bildschirm selbst vorgenommen.

Die Technik des Bildschirmlesens entspricht den Methoden des Schnelllesens. Als Lesehilfe empfiehlt sich der Cursor, welchen Sie in der Regel mit der Maus steuern. So

- achten Sie auf die richtige Distanz zum Bildschirm,
- zerkratzen Sie mit keiner Lesehilfe den Bildschirm und
- verhindern dennoch Rücksprünge.

Ein weiterer Vorteil eines Computers ist, dass Sie die optimale Schriftart sowie einen für Sie günstigen Zeilenabstand einstellen können. Achtung: Bei manchen Onlinetexten ist dies jedoch nicht möglich. Eignet sich die Schriftgröße und/oder der Zeilenabstand nicht zum Schnelllesen, so können Sie den Text einfach in Ihr Textverarbeitungsprogramm kopieren.

Die zusätzliche Mühe haben Sie durch das schnellere Lesen schnell wieder wettgemacht.

> **Praxistipp**
>
> Schnelllesen am Computer spart nicht nur Zeit, sondern schützt auch Ihre Augen und bewahrt Sie vor Haltungsschäden. Nutzen Sie die gewonnene Zeit für Augen- und Gymnastikübungen.

Fachbücher lesen leicht gemacht

Gerade bei dem Lesen von Fachbüchern sollten Sie sich vorab klar machen,

- was das Leseziel sein soll,
- wie hoch der Schwierigkeitsgrad des Textes ist und
- wie viel Textverständnis Sie benötigen.

Natürlich macht es auch immer einen Unterschied, ob Sie das Fachbuch beispielsweise in die Hand nehmen, um es eventuell zu kaufen, oder ob Sie es einfach nur zum Nachschlagen nutzen wollen.

Kaufe ich das Buch oder lohnt sich das nicht?

Müssen Sie sich in einer Buchhandlung schnell entscheiden, ob es sich lohnt, das teure Fachbuch zu erwerben, bzw. müssen Sie zwischen mehreren Büchern wählen, so bietet Ihnen Struktur des Fachbuches eine gute Unterstützung für Ihre Kaufentscheidung:

- Den ersten Eindruck verschafft der Klappentext. Bei modernen Büchern ist der Klappentext auf der Rückseite meist für Werbe- und Verkaufszwecke geschrieben. Den „wahren" Klappentext finden Sie häufig im Inneren des Buches.

- Wer ist der Autor? Ist er vom Fach? In welchem Land ist er aufgewachsen? Bedenken Sie: Es macht einen Unterschied, ob ein Amerikaner oder ein Europäer über den Nahen Osten schreibt.

- Unterschätzen Sie auch das Impressum nicht. Ist das Buch noch aktuell? Wo wurde es herausgebracht? Diese Informationen sind genauso wichtig wie die über den Autor.

- Ein gutes Inhaltsverzeichnis ist mehr als eine grobe Zusammenfassung des Buches. Ist das Thema, das Sie besonders interessiert, ein Hauptthema oder kommt es nur als Untergliederungspunkt vor?

- Wenn Sie sich vorab bereits Schlüsselwörter zurechtgelegt haben, schauen Sie – so vorhanden – im Stichwortregister nach, ob diese so oder ähnlich vorkommen.

Praxistipp

All diese Informationen können einen Fehlkauf verhindern. Gleichzeitig erfahren Sie, ob Sie das Buch nur für eine bestimmte Problemlösung oder generell als Nachschlagewerk einsetzen können.

Das Fachbuch als Nachschlagewerk

Die Struktur eines Fachbuches und den soeben beschriebenen Umgang mit dem Aufbau sollten Sie auch nutzen, wenn Sie etwas in einem Fachbuch nachschlagen wollen. Auf diese Weise erfahren Sie, ob Sie Ihrer Frage in dem entsprechenden Buch auch wirklich näher kommen.

Beginnen Sie mit einer detaillierteren Vorschau, indem Sie Seite für Seite schnell durchblättern. Achten Sie auf den Aufbau des Buches, lesen Sie die Überschriften, betrachten Sie die Bilder und deren Bildunterschriften. Wenn Sie jetzt immer noch keinen brauchbaren Überblick über das Fachbuch erhalten haben, lesen Sie die Kapitel, die Sie im Inhaltsverzeichnis angesprochen haben. Auch das Lesen der letzten Seite kann helfen, da hier häufig eine Zusammenfassung des Buches niedergeschrieben ist.

Im Idealfall müssen Sie von dem Fachbuch nun gar nichts mehr lesen und haben dennoch alle Informationen, die Sie aus dem Buch herausholen wollten, registriert.

Übrigens: Auch Romane lassen sich wie Fachbücher lesen. Ob es jedoch sinnvoll ist, sich bei einem Krimi einen Überblick zu verschaffen und schon vorab den letzten Absatz zu lesen, bleibt Ihnen überlassen.

Auf den Punkt gebracht

Die Schnelllesetechniken lassen sich bei jedem Lesestoff anwenden. Eine gute Vorausschau stellt die größte Zeitersparnis beim Lesen dar. Immer häufiger werden Texte heute am Computerbildschirm gelesen. Nutzen Sie die Programme, um sich die Texte optimal einzurichten.

Augentraining – Erholung für die Augen

Bevor wir gleich zur Überprüfung Ihrer aktuellen Lesegeschwindigkeit den Abschlusstest durchführen, möchte ich Ihnen noch abschließend ein paar kleine Übungen für Ihre Augen zeigen. Denn: Mit einem regelmäßigen Augentraining verbessern Sie nicht nur die Fähigkeit Ihrer Augen zum gezielteren Sehen, sondern erhöhen nach und nach auch den Blickwinkel. Dies führt wiederum zu einem größeren Leseradius und damit zu einer schnelleren Lesegeschwindigkeitn. Darüber hinaus trägt das Augentraining gleichzeitig auch zu einer Entspannung der Augen bei.

> **Achtung**
> Experten zufolge soll eine Entspannung der Augen wesentlich wirkungsvoller als das Schlafen sein. Durch das bewusste Relaxen erhält man wohl einen höheren Grad der Entspannung, als den, den man durch den Schlafzustand erreichen kann.

Um eine heilende Wirkung zu erreichen, benötigen Ihre Augen mehr als Ruhen und Schlafen zur Erholung. Entscheidendes Ziel ist vielmehr die vollständige Lösung von bestehenden Verspannungen und Verkrampfungen der Augenmuskeln und -nerven, die Sehstörungen verursachen können.

Mit den folgenden Übungen können Sie einer Überbeanspruchung Ihrer Augen, die oftmals auch durch eine verstärkte Bildschirmarbeit entsteht, entgegenwirken.

Augentraining – Erholung für die Augen

Übung: So palmieren Sie richtig

Der Begriff „palmieren" bezeichnet eine Übung, bei der die Handflächen etwas gewölbt, leicht und ohne Druck auf die Augen gelegt werden, die Finger liegen dann über Kreuz auf der Stirn, die Nase bleibt frei, die Augen sind geschlossen. Die Ellenbogen können auf die Knie gestützt werden. Es darf kein Licht auf die Augen fallen.

Konzentrieren Sie sich nun ausschließlich auf die schwarze Fläche, die sie sehen. Nehmen Sie eine vollkommen entspannte Haltung sowohl der Augen als auch im Geiste ein, die zehn, 20 oder 30 Minuten dauern sollte.

Übung: Großer Schwung

Stellen Sie sich für diese Übung möglichst entspannt mit leicht gegrätschten Beinen hin. Lassen Sie Ihre Arme locker hängen und beginnen Sie eine Drehung um die vertikale Körperachse. Ihr Blick gleitet dabei über die Umgebung, ohne irgend etwas zu fixieren, in einem Bereich von maximal 90 Grad rechts und links. Die Augen sollten sich dabei nicht bewegen –auch nicht der Kopf –, sondern nur die Schultern und das Becken. Zur Vermeidung rhythmischer Augenbewegungen ist es hilfreich, an ruhige Situationen zu denken, zum Beispiel an eine Kuh auf der Weide. Bei diesen lockeren Schwüngen sollen Ihre Auge und Augenmuskeln entspannen, weil sie dadurch vom dauernden Fixieren abgelenkt werden. Übrigens: Ihrem Rücken tut diese Übung ebenfalls gut. Bei ruhigem Atmen führt sie darüber hinaus auch zu seelischer Entspannung und Gelassenheit.

Für die nächste Übung setzen Sie sich in Ihre Wohlfühlposition zum Lesen. Halten Sie die Seite in einen Abstand von etwa 30 cm und versuchen Sie, möglichst schnell die Ziffern von 1 bis 26 in der richtigen Reihenfolge zu finden. Achten Sie darauf, dass sich nur Ihre Augen, nicht der Kopf oder der ganze Oberkörper bewegen.

Übung: Zahlen suchen

Die folgenden Übungen entsprechen im Wesentlichen der vorhergehenden Übung, nur diesmal dem Suchen von Ziffern, nur diesmal geht es um Buchstaben, um kleine und um große. Nehmen Sie also wieder Ihre Haltung ein und suchen Sie sich das Alphabet zusammen.

Übung: Großbuchstaben suchen

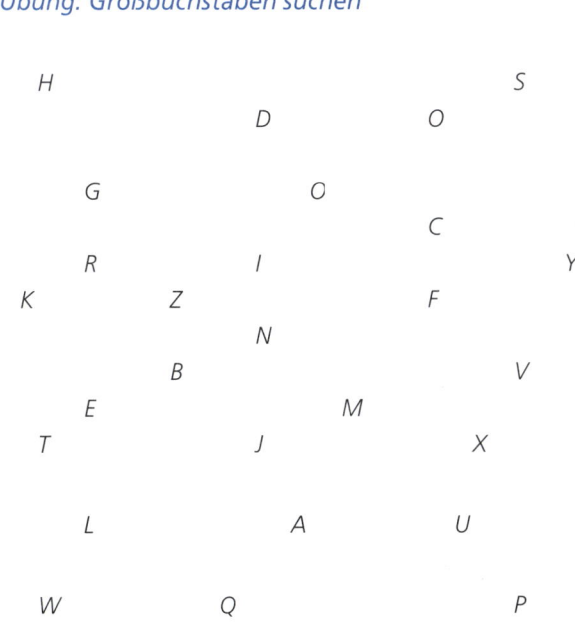

Übung: Kleinbuchstaben suchen

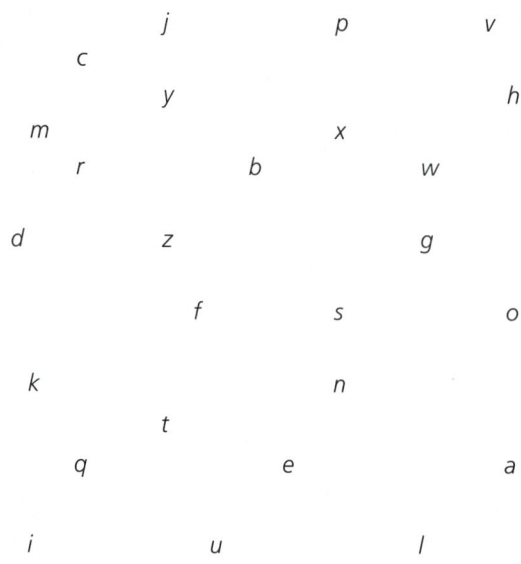

Auf den Punkt gebracht

- Führen Sie das Augentraining regelmäßig durch. So entspannen Sie Ihre Augen und wirken Sehstörungen entgegen.
- Regelmäßiges Augentraining ist insbesondere bei Bildschirmarbeit zu empfehlen.

Der Abschlusstest

Sie haben nun das zweite Mal „lesen gelernt". Bildlich gesprochen, haben Sie den Führerschein gemacht. Und wie bei einem richtigen Führerschein werden Sie erst richtig dazu lernen, wenn Sie möglichst viel Praxis bekommen. Nehmen Sie sich daher immer mal wieder die verschiedenen Übungen dieses Buches vor. Auch sollten Sie in der ersten Zeit stets einen Übungsroman zur Hand haben.

> **Praxistipp**
> Sollten Ihnen Zweifel aufkommen, ob Sie wirklich noch schnell lesen, ermitteln Sie hin und wieder Ihre Lesegeschwindigkeit. Sie werden sehen, dass Sie irgendwann zwar sehr schnell lesen, es Ihnen aber so vorkommt, als wären Sie wieder auf das Grundschultempo zurückgekehrt.

Diesen Effekt können Sie wieder mit dem Autofahren vergleichen. Wenn Sie als Fahranfänger das erste Mal auf die Autobahn fahren, trauen Sie sich kaum, den Wagen zu beschleunigen. Fahren Sie dann einige Kilometer, haben Sie sich an die Geschwindigkeit gewöhnt. Erst auf der Ausfahrtspur wird Ihnen das hohe Tempo bewusst.

Nun sind wir also am Ende des Buches angekommen. Jetzt ist Zeit für den Abschlusstest. Gehen Sie hier noch einmal genauso vor, wie bei den bisherigen Verständnistests: Starten Sie jetzt die Uhr und beginnen Sie auf der nächsten Seite zu lesen.

Abschlusstest: „Opferrechte bei Stalking"

Wer häufig in Schwurgerichtsprozessen sitzt, bekommt viele Opfer von Verbrechen zu Gesicht. Sie sind so unterschiedlich, wie Menschen nur sein können, und bloß dadurch vereint, dass eine schreckliche Tat die Sorglosigkeit ihres Lebens zerstört hat. Oft genug hat es sie nur aus bloßem, bösem Zufall getroffen. Manche sind schüchtern, manche wirken seltsam unbeteiligt, wieder andere weinen laut, sodass das Publikum, wenn es – beispielsweise bei Auftritten von Opfern von Sexualstraftaten – aus dem Gerichtssaal ausgeschlossen wird, ihren Kummer selbst durch die Türen des Gerichtssaals hören kann.

Manche Opfer machen von ihrem Recht, als Nebenkläger an der Hauptverhandlung mitzuwirken, nicht einmal Gebrauch. Sie treten vor Gericht lediglich als Zeugen auf, bekunden, was ihnen widerfahren ist, und gehen wieder heim. So hat es der Realschullehrer Hubertus N. gehalten, der im Dezember 2007 in der Münchner U-Bahn von zwei angetrunkenen jungen Männern fast umgebracht worden war. Ganz Deutschland nahm an seinem Schicksal Anteil, weil eine Überwachungskamera der Verkehrsbetriebe den Überfall aufgezeichnet hatte. Trotzdem nutzte Hubertus N. seine Popularität nicht aus und machte den Auftritt kurz.

Andere, wie der Multimillionär und Sozialforscher Jan Philipp Reemtsma, suchten die Konfrontation mit dem Täter regelrecht, um ihr Trauma zu überwinden. Reemtsma, der 1996 von einer Erpresserbande entführt und wochenlang in einem Keller angekettet worden war, saß später als Nebenkläger, flankiert von einem berühmten Anwalt, in jedem einzelnen Prozess gegen jeden einzelnen seiner Entführer. Keine Sekunde ließ er seinen bohrenden Blick von den Angeklagten, als wollte er sich ihre Gesichter – die sie *während der Entführung sorgfältig vor ihm verborgen hatten – für immer einprägen.*

Manchmal wird das Verbrechensopfer nach der Tat ein zweites Mal Opfer – und zwar der eigenen Anwälte. So erging es der 13-jährigen Stephanie aus Dresden, die im Januar 2006 von einem Sexualverbrecher drei Wochen lang in dessen Wohnung festgehalten und aufs Brutalste vergewaltigt worden war. Als der Täter gefasst war, ließ es ihr eigener Nebenklägervertreter nicht nur zu, dass die Vergewaltigungen im Vorfeld des Prozesses in allen abartigen Details in den Medien ausgebreitet wurden, ja er stattete die Journalisten auch noch mit Aktenteilen aus und schleppte seine minderjährige Mandantin ins Fernsehen, wo ein Millionenpublikum das traumatisierte Kind begaffen durfte.

Manchmal kann das Opfer vor Bericht selbst nicht mehr erscheinen – bei Mordprozessen. Dann sitzen die Hinterbliebenen auf der Nebenklägerbank, oft voller Hass und Ingrimm. So war es auch im Fall des Lübecker Unternehmers Hartmut Crantz: Der Mann war angeklagt, seine Frau 1999 ermordet zu haben, doch ihre Leiche wurde nie gefunden. Die eigenen Kinder des Angeklagten waren fest davon überzeugt, dass er ihre Mutter getötet hatte und halfen der Staatsanwaltschaft, Crantz des Mordes zu überführen. Der Älteste saß täglich in der Hauptverhandlung – Auge in Auge mit dem Vater. Nach einem aufwendigen Indizienprozess wurde der Angeklagte 2003 zu einer lebenslangen Freiheitsstrafe verurteilt. Noch vor Rechtskraft des Urteils nahm er sich im Gefängnis das Leben.

Am traurigsten ist es, wenn bei Tötungsdelikten kein Nebenkläger auftritt, weil es einfach niemanden gibt, der für das tote Opfer sprechen könnte. Das war im Fall des zweijährigen Kevin aus Bremen so, dessen Leiche im Oktober 2006 aus dem Kühlschrank seines Stiefvaters gezogen worden ist. Der Mann hatte das Kind über Monate so grausam misshandelt, dass es zuletzt starb. Weil auch Kevins schwer rauschgiftsüchtige Mutter schon gestorben und sein leiblicher Vater unbekannt war, und weil er weder Bruder noch Schwester besaß, blieb der Platz neben dem Staatsanwalt verwaist. Selten ist mir in einem Prozess ein Stuhl so schmerzlich leer erschienen.

Fast immer erfährt der Gerichtsreporter, wie wichtig der Strafprozess für den inneren Frieden eines Verbrechenopfers ist. Geschieht eine schwere Straftat, katapultiert der Täter nämlich nicht nur sich selbst aus dem Gefüge der Gesellschaft, sondern auch sein Opfer oder dessen Hinterbliebene. Jan Philipp Reemtsma, der sich mit der eigenen Opferrolle in vielen klugen Veröffentlichungen auseinandergesetzt hat, stellte fest, dass Kriminalitätsopfer durch die Tat eine Art sozialer Desorientierung erleiden. Sie müssten gewissermaßen selbst wieder resozialisiert werden. Das geschieht durch den Strafprozess. Er stellt die geltenden Regeln wieder her und signalisiert dem Opfer: Was dir geschehen ist, war kein Unglück, sondern Unrecht, und der Staat nimmt dieses Unrecht nicht ungestraft hin. Unterbleibt diese Bekräftigung der Norm, so tritt eine zusätzliche Traumatisierung des Opfers durch das nicht Recht sprechende Gericht hinzu.

Wie soll ein Opfer, dem keine Genugtuung widerfahren ist, über das Vergangene hinwegkommen? Wozu führt es, wenn Misshandelten, Missbrauchten oder Hinterbliebenen von der Gemeinschaft, in der sie leben, signalisiert wird, das an ihnen verübte Verbrechen sei letztlich irgendwie in Ordnung? Es führt zum Nichtvergessenkönnen. Zum immerwährenden inneren Weinen, das – sonst vom Alltags-

lärm übertost – in der Stille herausdrängt. Es führt zur Verfestigung des Hasses, zu einem verstümmelten Leben. Und auch solche Menschen habe ich kennengelernt, deren Leben 30 Jahre später immer noch ganz und gar von dem an ihnen verübten Verbrechen diktiert wurde, weil ihnen kein Recht geschehen war.

Doch es gibt auch noch eine ganz vergessene Opfergruppe – die sich nie zu Wort meldet und die fast nie zu ihrem Recht kommt. Ich meine die Justizopfer, die Opfer gerichtlicher Fehlurteile. Je länger ich Gerichtsreporterin bin, desto überzeugter bin ich davon, dass es nicht wenige Menschen gibt, die als angebliche Täter unschuldig verurteilt in Gefängnissen sitzen. Für diese – nicht durch Verbrecherhand, sondern durch die Strafjustiz selbst – Beschädigten interessieren sich keine Opferhilfegruppen und nur sehr wenige Anwälte. Kaum einer unterstützt sie dabei, ihre Unschuld zu beweisen. Und wenn es doch einmal einem Verurteilten gelingt, die hohen rechtlichen Hürden zu überwinden, den eigenen Fall noch einmal vor Gericht zu bringen und – oft Jahre später – einen Freispruch zu erreichen, dann ist trotzdem sein Leben vernichtet und er muss einem schäbigen Staat auch noch jeden Euro der ihm zustehenden Entschädigung mühsam abringen. Auch diese Menschen sind Opfer und haben Anspruch auf unsere Anteilnahme.

Sabine Rückert

Gerichts- und Kriminalreporterin der ZEIT

Stoppen Sie die Uhr.

Ermittlung der Ergebnisse

▸ Dividieren Sie nun die Anzahl der Wörter – in diesem Text waren es 950 – durch Ihre Lesezeit.

▸ Beantworten Sie nachfolgende Fragen zum Text. Jede richtige Antwort entspricht 10 Prozent Textverständnis.

Abschlusstest: Fragen zum Verständnis

1. Wie sind die Opfer von Verbrechen vereint?

a) Die Sorglosigkeit ihres Lebens ist zerstört.

b) Sie haben alle finanziellen Schaden erlitten.

c) Sie leiden bis zum Lebensende an ihren Verletzungen.

d) Sie werden vom Staat allein gelassen.

2. Auf was verzichten manche Opfer?

a) auf ihr Recht, als Nebenkläger aufzutreten

b) auf eine Vereidigung

c) auf ihr Recht, die Aussage zu verweigern

d) nichts von alledem

3. Was widerfuhr Hubertus N.?

a) Er wurde zu Unrecht als Realschullehrer entlassen.

b) Er musste für das Ausnutzen seiner Popularität nach der Straftat büßen.

c) Er wurde vor eine U-Bahn gestoßen.

d) Er wurde gleich mehrfach beraubt.

4. Was ist richtig?

a) Hubertus N. wurde von einem Täter vor die Frankfurter U-Bahn gestoßen.

b) Hubertus N. wurde von zwei Tätern vor die Hamburger U-Bahn gestoßen.

c) Hubertus N. wurde von zwei Tätern vor die Münchner U-Bahn gestoßen.

d) Hubertus N. wurde von einem Täter vor die Münchner U-Bahn gestoßen.

5. Wann wurde Philipp Reemtsma entführt?

a) 1994

b) 1995

c) 1996

d) 1997

6. Wer wurde durch ihren Anwalt zum zweiten Mal Opfer?

a) Stephanie aus Dresden

b) Monika aus Hamburg

c) Sarah aus Dresden

d) Heike aus Hamburg

7. Was wird im Text als „am Traurigsten" bezeichnet?

a) wenn Kinder zu Opfern werden.

b) wenn es bei Tötungsdelikten niemanden gibt, der für die Opfer sprechen kann.

c) wenn Medien die Privatsphäre der Opfer missachten.

d) wenn sich Täter durch Suizid der Verurteilung entziehen.

8. Wer wird als „vergessene Opfergruppe" bezeichnet?

a) Justizopfer

b) Kinder

c) Minderheiten

d) nichts von alledem

9. Wie steht die Reporterin zum Thema „Stalking"?

a) Stalking ist eine neue Form der Gewalt.

b) Stalking wird von der Presse hochgejubelt.

c) Stalking betrifft nur Erwachsene.

d) Das wird im Text nicht erwähnt.

10. Wie heißt die Reporterin?

a) Ulrike Mingert

b) Sabine Rückert

c) Katja Deckert

d) Rosa Löffert

Auflösung

Frage	richtige Antwort	Frage	richtige Antwort
1	a	6	a
2	a	7	b
3	c	8	a
4	b	9	d
5	c	10	b

Ausblick

Sobald Sie Ihre Lesefertigkeit erheblich verbessert haben, werden Sie mehr Spaß am Lesen finden. Dies gilt jedoch nicht immer zu Beginn. Das zweite Mal Lesen lernen ist wie der Erwerb des Führerscheins, wie ein Schreibmaschinenkurs mit Zehnfingermethode oder wie das Erlernen eines Musikinstruments. Bis Sie eine gewisse Grundfertigkeit erlangt haben, werden Sie wahrscheinlich langsamer lesen als zuvor. Hat sich Ihr Gehirn aber erst einmal an die neue Geschwindigkeit gewöhnt, wird sich das Gefühl der Anstrengung und des Stresses beim Lesen sogar in Entspannung verwandeln.

Das Ziel dieses Buches war es, Ihre Lesegeschwindigkeit zu verdoppeln, wenn nicht gar zu verdreifachen. Dabei sollte jeder Leser verstanden haben, dass das Lesen auf diese Weise wesentlich entspannender und das Textverständnis viel höher ist, als beim "normalen" Lesen. Doch möglich ist viel mehr. Ein kleiner Anreiz:

Guinnessrekorde im Schnelllesen

Am 11. August 2002 las Kasia Sobolewska 35.483 Wörter pro Minute bei einem Textverständnis von 95,2 Prozent. Zu lesen waren fünf DIN A 5-Seiten.

Anne Jones schaffte zwar „nur" 4.251 Wörter pro Minute, stellte aber dennoch einen Weltrekord auf: Sie hat mit diesem Durchschnittstempo in nur 47 Minuten alle 607 Seiten des neuesten Harry-Potter-Bands gelesen. Selbstverständlich konnte die sechsfache Weltmeisterin im Schnelllesen anschließend alle Fragen zum Roman korrekt beantworten.

Meine Testergebnisse

Einstiegstest „Elternzeit" (Seite 13)	
Zeit	
WpM	

Verständnistest 1 „Coachen Sie sich selbst" (Seite 43)	
Zeit	
WpM	
Textverständnis in Prozent	

Verständnistest 2 „ICE" (Seite 62)	
Zeit	
WpM	
Textverständnis in Prozent	

Verständnistest 3 „Höhle" (Seite 77)	
Zeit	
WpM	
Textverständnis in Prozent	

Abschlusstest „Opferrechte bei Stalking" (Seite 117)	
Zeit	
WpM	
Textverständnis in Prozent	

Literaturverzeichnis

- Gedächtnistraining – Nie wieder vergesslich, Jens Seiler, Verlag C.H. Beck
- Elternzeit und Elterngeld – Die Rechte für Mütter und Väter, Volker Votsmeier, Verlag C.H. Beck
- Coachen Sie sich selbst!, Gunnar C. Kunz, Verlag C.H. Beck
- Opferrechte bei Stalking, Gewalt- und Sexualverbrechen, Bernhard Weiner/Ute Ingrid Haas, Verlag C.H. Beck
- Speed Reading, Tony Buzan, mvg
- Optimales Lesen, Ernst Ott, Wunderlich Taschenbuch
- Visual Reading, Christian Grüning, Verlag Grüning
- Schneller lesen – besser verstehen, Wolfgang Schmitz, Rororo

Der Autor

Am 6. Juli 1966 wurde Jens der Denker als Jens Seiler in Niedersachsen geboren. Aufgrund einer Fußbehinderung verbrachte er seine Jugend überwiegend im Krankenhaus. Heute kann er weite Strecken zurücklegen, sogar im Verein Tischtennis spielen. Dank privatem Schulunterricht schaffte er eine Ausbildung zum Parlamentsstenografen im Stuttgarter Landtag. In einer Mittagspause wurde er durch einen Artisten auf die Methoden der Gedächtniskunst aufmerksam. Er kündigte seinen Job und verschrieb sich fortan ganz seiner Stärke – dem Denken. Heute bestimmt genau diese Fähigkeit sein Leben. Er tritt regelmäßig im Fernsehen und auf öffentlichen Veranstaltungen auf, gibt Seminare und kombiniert Shows und Vorträge zu einem Gesamterlebnis. Weitere Informationen unter www.jens-der-denker.de sowie bei www.wikipedia.de unter dem Eintrag „Jens Seiler".

Impressum:

Verlag C. H. Beck im Internet: www.beck.de
ISBN: 978-3-406-59362-8
© 2009 Verlag C. H. Beck oHG
Wilhelmstraße 9, 80801 München

Lektorat und DTP: Claudia Wanzke, 86911 Dießen
Umschlaggestaltung: Bureau Parapluie, 85253 Großberghofen
Umschlagbild: Fotolia.com
Druck und Bindung: Druckerei C. H. Beck, Nördlingen
(Adresse wie Verlag)

Gedruckt auf säurefreiem, alterungsbeständigem Papier
(hergestellt aus chlorfrei gebleichtem Zellstoff)